※ 편지 작성법·모범 편지 예문 ※

THE ENGLISH LETTER WRITING FOR PRACTICAL USE

# 실용 영문 편지

한 규 철 편저

일신서적출판사

## 머 리 말

　글 재주는 타고난 재능이라고 흔히들 말하고 있지만 이것은 전적으로 옳은 말은 아니다. 가장 중요한 것은 글을 많이 써보는 데 있다. 즉 생활 속에 습관을 붙이는 것이다. 이러한 습관화의 지름길은 편지 쓰기가 가장 좋다. 더욱이 외국어의 경우, 그것도 영어는 최소한 6년 이상의 정규적인 공부에도 불구하고 자주 써보지 않음으로써 생소한 느낌을 갖게 된다. 여기에 편지 쓰는 요령을 모른다면 더욱 생경할 것이다.

　편지를 쓰는 일에 익숙해져 있지 않은 사람들은 우리말로 쓰는 것도 까다롭게 여길 것이다. 더 나가서 영어를 쓰는 일이라면 더 곤란을 느낄 것이다. 그러나 영문으로 편지를 쓰는 것은 우리말로 편지 쓰기보다 훨씬 쉽다고 할 수 있다. 그 이유는, 영문 편지는 일정한 법칙이 있기 때문이다. 우리말의 편지가 형식적인 인사말과 본문이 까다롭게 되어 있는 반면 영문 편지는 바로 용건이나 소식을 서두부터 쓰는 것이 일반적이다.

　따라서 영문 편지를 쓰자면 나름대로의 언어 구사 능력을 갖추고, 전통적인 편지 형식, 편지에만 쓰이는 언어 규칙과 같은 기본적인 영문 편지틀을 잘 이해하고 있어야 한다. 이런 점에서 본서는 영문 편지 작성에 필요한 편지의 형식을 상세하게 소개하고 있고 충분한 모범 예문을 들어 독자의 이해에 도움을 주고자 했다. 끝으로 본서를 통하여 영어 학습뿐 아니라 보다 성숙한 실생활이 되는 데 보탬이 되었으면 한다.

지은이 씀

## 차 례

머 리 말······································································· 3

## 제1부 영문 편지의 개요······································ 7
### 제 1 장 영문 편지에 관한 기초 지식···················· 8
### 제 2 장 영문 편지의 종류······································10
### 제 3 장 영문 편지의 작성법과 양식······················15

## 제2부 영문 편지의 작성법···································19
### 제 1 장 Heading(발신인 주소와 발신일)·············21
### 제 2 장 Inside Address(수신인 성명과 주소)······23
### 제 3 장 Salutation(인사말)····································28
### 제 4 장 Body of the Letter(본문)························31
### 제 5 장 Complimentary Close(맺음말)················36
### 제 6 장 Signature(서명)·········································38
### 제 7 장 Postscript(추신)········································39
### 제 8 장 그 밖의 구성 요소·····································40

## 제3부 편지 봉투······················································41
### 제 1 장 봉투에 주소 쓰는 법··································42

제2장 엽서 쓰는 법·················· 50

## 제4부 편지문의 실례·················53
　　제1장 축하장과 답례장··············· 54
　　제2장 소식문······················ 92
　　제3장 해외로부터의 소식문··········· 98
　　제4장 통지장······················105
　　제5장 위문·문안 편지와 그 답장······130
　　제6장 초대장과 그 답장··············141
　　제7장 선물의 수수와 관련한 편지······168
　　제8장 조위문과 그 답장··············175
　　제9장 소개장과 추천장···············184
　　제10장 의뢰·신청·조회의 편지········204
　　제11장 연서·······················219

## 제5부 부 록························227
　　제1장 서식의 실례··················228
　　제2장 공고문······················249
　　제3장 Speech의 요령················253
　　제4장 해외 전보····················259

# 제1부
# 영문 편지의 개요(概要)

# 제1장  영문 편지에 관한 기초 지식

## 1. 편지 쓰기

　편지를 쓰는 일에 익숙해져 있지 않은 사람들은 우리말로 쓰는 것도 까다롭고 거북스럽게 여길 것이며 영어로 쓰는 일은 더욱더 어렵게 생각할 것이다.
　그러나 편지 쓰기란 또한 생각하기에 따라서는 일상 다반사처럼 쉬운 일이라고 말할 수도 있을 것이다. 요컨대 자기가 하고자 하는 말을 그대로 문자로 나타내면 되는 것이다.
　특히 말주변이 없는 사람들에게는 상대와 마주 보고 자유롭게 대화를 하기보다도 생각을 정리할 시간을 가진 다음에 글로 의사를 표현하는 편지 쪽을 택하는 것이 오히려 나을지도 모른다.
　다만 글로 표현하는 데는 말로 표현할 때와 같이 표정이 나타나지 않는 점이 다르다. 말을 할 때는 얼굴의 표정이나 억양 또는 몸짓을 사용하여 의사 표현을 도울 수가 있지만 글로 의사를 전달할 때는 그렇게 할 수가 없다. 그러므로 글로써 자기의 의사를 정확하게 표현하기 위해서는 문장력이 절대적으로 필요하다.
　글과 말의 또 한 가지 다른 점은 그 의사 표시가 어느 정도의 영향력을 가지고 남는가 하는 문제이다. 물론 말로 표현된 것일지라도 속기나 녹음 등의 증거가 남아 있다면 문장으로 표현한 것과 같은 효력이 있겠지만 그것도 나중에 어떤 구실을 달아서 정정하거나 철회하는 사례가 있을 수 있다. 그러나 글은 일단 한번 쓴 것을 정정하거나 취소하기란 곤란한 일로서 상대를 납득시킬만한 상당한 이유가 있지 않는 한 불가능하다. 따라서 중요한 편지를 쓸 경우에는 비록 그것이 업무상의 것이 아닐지라도 세심한 주의를 요하는 것이다. 오히려 사사로운 편지를 주의하지 않고 씀으로써 나중에 큰 문제가 되거나 예기치 못한 증거 자료가 되는 사례가 허다하기 때문이다.

## 2. 우리말 편지와 영문 편지

영문으로 편지를 쓰는 데 익숙해져 있는 사람들은 우리말로 편지를 쓰기보다 영문으로 편지를 쓰기가 오히려 더 쉽다고 한다. 그것은 아마도 영문 편지에 사용되는 첫인사말과 끝인사말의 종류가 많고 용법이 다양하여 복잡한 것 같이 보이긴 하지만 그 양식에는 일정한 법칙이 있기 때문일 것이다. 즉, 그 법칙만 이해하고 나면 편지의 본문을 어떻게 쓸 것인가의 문제만 남게 되는 것이다.

본문은 편지의 가장 중요한 부분이므로 역시 잘 쓰는 법을 알 필요가 있다. 영어의 구문이 비록 자유분방하게 쓰여지는 것이라고는 하지만 거기에도 역시 전통적인 경의의 표현 양식은 존재하고 있으므로 그것을 전혀 무시할 수는 없다. 그러나 그 양식도 형식적인 것이 아니므로 친근한 사이라면 물론 계절적인 인사나 안부를 물을 수도 있겠지만, 겉치레의 의례적인 인사를 하거나 상대방의 건강이나 번성을 축하하는 것은 구미쪽에서는 오히려 넌센스가 되고 경우에 따라서는 실례가 되기도 한다.

영문 편지에서는 형식적인 인사말이 불필요한 것이다. 즉 편지의 앞머리부터 용건이나 소식을 바로 쓰기 시작하는 것이 일반적이다. 근래에는 우리말의 편지에서도 의례적이고 허식적인 인사말을 생략하는 것이 추세이다.

## 제2장  영문 편지의 종류

(1) 개인 편지와 단체 편지
(2) 사교 편지와 업무 편지
(3) 상용문(商用文)과 공용문(公用文)
(4) 공식적인 편지와 일상적인 편지
(5) 개별 편지와 불특정 편지

위와 같이 다섯가지로 분류하였지만 어디까지나 편의를 위한 것이지 절대적인 분류법은 아니다. 예컨대 (1)로 분류된 각 편지는 다시 (2), (3), (4), (5)로 분류될 수도 있다. 그러나 일단 위의 분류에 따라서 간략하게 설명하기로 한다.

### 1. 개인 편지(Personal letter)와 단체 편지(Corporate letter)

개인의 편지란 I, my, me와 같은 제1인칭 단수 대명사가 자주 사용되는 편지를 말하며, 그 내용은 사교상의 일에 관한 것이든 신상에 관한 것이든 어느 것이라도 좋다. 단, 단체의 일을 대신해서 개인의 명의로 쓰는 편지의 경우에는 개인적인 편지로 쓸 것인지 또는 단체적인 편지로 쓸 것인지의 문제가 있다.

단체 편지란 We, our, us 등의 제1인칭 복수 대명사를 사용해서 회사나 어떤 단체를 위해서 그 단체의 명의로 쓰는 편지를 말한다. 이 편지는 또한 제1인칭 복수 대명사 대신에 단체명을 제3인칭으로 하여 객관적으로 쓰는 방법도 있다. 이러한 서법은 일반적으로 계약서, 조약, 또는 그 밖의 공문서 등에서 많이 사용된다. 단체의 편지에서 단체명을 대명사로 쓸 경우에는 단수의 it, its, it 대신에 복수의 they, their, them을 사용해도 무방하지만 공문서에서는 it, its, it를 사용하는 것이 일반적이다.

이와 같이 제3인칭 대명사를 사용하는 단체의 편지에서는 필자 개인을 'the writer' 또는 'the undersigned' 등과 같이 제3인칭으로 부르는 것이 전통적이나 미국에서는 제3인칭의 단체명을 제1인칭 복수 대명사, 'we'로 나타내거나 또는 필자 개인의 제1인칭, 'I'를 혼용하는 것이 일반화되어 있다.

19세기 말엽까지는 개인적인 편지의 경우에도 필자를 제3인칭으로 부르는 것이 공식으로 되어 있었다. 이러한 관행은 오늘날까지도 초대장과 같은 사교적인 의례문(儀禮文)에 남아서 사용되고 있으므로 그 항에서 다시 설명하기로 한다.

## 2. 사교 편지(Social letter)와 업무 편지(Business letter)

사교 편지란 문안, 초대, 감사, 위문 등 사교적인 내용의 편지를 말하며, 업무 편지란 개인적이든 공적이든 업무와 관련된 편지를 말한다.

지금까지는 표현 양식에 있어서 사교 편지와 업무 편지에 차이가 있었으나 최근의 sales letter나 P.R.(public relations) letter는 사교 편지 양식 쪽으로 기울고 있다.

## 3. 상용문(Commercial letter)과 공용문(Official letter)

상용문은 좁은 의미의 상거래에 관한 편지 뿐만 아니라 기업체가 쓰는 업무상의 편지도 포함된다. 반면 공용문이란 관공서에서 쓰는 직무상의 편지를 말한다. 또한 민간단체의 임원이나 직원이 그 단체를 위해서 개인의 명의로 쓰는 personal letter에 대하여 단체의 명의로 쓰는 편지를 official letter라고 부르기도 한다. 이 경우의 official은 공용(公用)의 뜻이 아니라 정식(正式) 또는 회사용(會社用)이라는 뜻이 된다.

## 4. 공식적인 편지(Formal letter)와 일상적인 편지(Informal letter)

　근대에 이르러서 formal letter의 양식은 거의 쇠퇴하여 공식적인 사교문이나 위임장과 같은 일부의 법적인 문서에서 겨우 그 명맥이 유지되고 있을 뿐이다.

　전세기 말경까지만 해도 고귀한 신분의 사람에게 보내는 편지에서 필자는 자신을 제1인칭 대신에 제3인칭으로 비하시켜서 쓰는 것이 의례적인 것으로 되어 있었다. 그것이 얼마나 딱딱하고 어색한 것이었는지는 다음의 흥미로운 예문을 통해서 짐작할 수 있을 것이다.

　이 예문은 Queen Victoria 시대에 영국의 대재상 Benjamin Disraeli가 퇴임을 앞두고 여왕으로부터 받은 감사장에 대해 예를 갖추기 위해 썼던 답례서의 한 구절로 추정되는 것이다.

---

　　　Mr. Disraeli at your Majesty's feet offers to your Majesty his deep gratitude for your Majesty's inestimable favour and for the terms—so gracious and so graceful—in which your Majesty has deigned to speak of his efforts when working under a Sovereign whom it is really a delight to serve.

---

[해석] 디스레일리 씨(자신을 지칭)는 소임을 맡아 즐겁게 원수(元首) 아래에서 봉직하던 때의 그의(자신을 지칭) 노력에 대해 폐하께서 말씀하시기 위해 만드신 자애롭고 우아한 옥서(玉書)와 그 말씀에 삼가 폐하의 발아래서 심심한 사의(謝意)를 바칩니다.

　그 뒤 디스레일리 씨(만년에 Earl of Beaconsfield—비컨스필드 백작)가 퇴임할 때에 여왕은 그의 편지에 답하여 그에게 장문의 답서를 썼는데, 다음 예문은 그것의 앞구절이다.

> Dear Lord Beaconsfield,
> I cannot thank you for your most kind letter, which affected me much, in the 3rd person — it is too formal; and when we correspond — which I hope we shall on many a private subject and without anyone being astonished or offended, and even more without anyone knowing about it — I hope it will be in this more easy form.

[해석] 친애하는 비컨스필드 경,
　본인은 3인칭으로 된 경의 가장 친절한 편지에 크게 감동하여 감사할 길이 없습니다. 그것은 너무나 의례적이었습니다. 그러므로 앞으로는 본인이 바라는 바인 사적인 많은 문제에 관해서, 본인이나 경이 놀라거나 감정을 상하지 않고 또 아무도 모르게 서신을 교환함에 있어서 이 편지와 같이 보다 자유로운 양식을 취할 것을 희망합니다.

　이 편지에서 빅토리아 여왕은 신하의 예절을 중시하여 제3인칭으로 쓴 글을 올렸던 노재상을 위로하는 뜻에서 그의 퇴임 후에는 신하로서가 아니라 친우로서 인간적인 제1인칭을 사용해서 서신을 교환하자고 하는 유머가 담긴 온정으로 제의를 하고 있다. 이와 같이 옛 대영제국 황금기의 일화에서 문장의 변천을 엿볼 수가 있다.

## 5. 개별 편지(Individual letter)와 불특정 편지(General letter)

　지정된 개인을 수신인으로 하는 보통의 편지는 individual letter이다. 이에 대하여 불특정인을 수신인으로 하는 P.R. letter(광고장), Circular(회람), Power of Attorney(위임장), TO WHOM IT MAY CONCERN 이라고 겉

봉에 표시되는 Certificate(증명서), Letter of Certification(인증서), Letter of Recommendation(추천장) 등은 모두 general letter에 속한다.

General letter는 원래 특정의 수신인을 지정하지 않으므로 Salutation(인사말)을 붙이지 않는 것이 예사이지만 친근감을 주기 위해 Dear Friend, Dear Customer, Dear Fellow-Taxpayer 등과 같은 공동적인 인사말을 쓰기도 한다.

Complimentary Close(끝인사말)는 Salutation과 달리 상대방에 대한 인사가 아니라 필자의 태도를 표현하는 것이므로 비공식적인 general letter에는 써도 무방하지만 Salutation을 쓰지 않는 general letter에서는 Complimentary Close도 쓰지 않는 것이 합리적이다.

위에서 설명한 편지의 종류 중에서 단체 편지, 업무 편지, 상용문, 공용문 등은 개인의 사생활이나 사교생활과는 거리가 먼 것이고, 또 그러한 서한문에 관해서는 이미 참고서가 많이 나와 있으므로 이 책에서는 주로 개인적인 편지 즉, 개인의 사적인 교제나 공적인 사교를 위한 편지에 관해서 다루기로 한다.

# 제3장  영문 편지의 작성법과 양식

## 1. 타자(type-writing)와 펜쓰기

　업무용 영문 편지는 대개 타자기로 작성된다. 여행중이라든가 특수한 여건 아래서 작성된 것이 아닌 이상, 기업체의 편지가 펜으로 작성되면 그 기업체에 대한 좋은 인상을 주지 못할 것이다. 물론 기업체의 편지도 관혼상제를 위한 것은 펜으로 써야 한다는 전통적인 설이 있긴 하지만 이것도 시대적인 감각에서는 이미 뒤떨어진 것이다. 영국 대사관이나 영사관 등에서 작성하는 Individual letter에서는 Salutation, Complimentary Close, Signature만 펜으로 쓰고 본문과 수신인 성명은 타자로 작성하는 양식이 관행으로 되어 있는데, 이는 바람직한 양식이라고 하겠다.
　한편 일반 가정에서 쓰는 편지는 오늘날도 펜을 사용하는 것이 대다수일 것이다. 물론 영국인들이나 미국인들 중에는 가정에 타자기를 비치하고 있거나 여행중에도 휴대용 타자기를 갖고 다니는 사람이 있지만 이것은 아직 우리의 생활 방식과는 거리가 멀다고 하겠다.
　펜으로 쓰는 경우, 잉크의 색깔은 청색이나 검정색이 무난하다.

## 2. 편지의 용지

　타자기에 사용되는 용지는 대체로 일정하지만 펜쓰기를 위한 용지는 각양각색이므로 흰색 계통의 순수한 것을 택하는 것이 좋다. 괘지(罫紙)를 사용하는 것은 예의상 바람직하지 못하다. 홑용지를 사용하는 경우에는 편지지 크기의 것이 적당하다. 편지가 여러 페이지로 작성되어야 할 경우에는 페이지 숫자를 반드시 적도록 하고 용지의 뒷면에 쓰는 일은 되도록이면 피하는 것이 좋다.

겹용지를 사용하는 경우에는 접는 선이 왼쪽으로 된 표면을 첫째 페이지로 하고 그 안쪽의 접는 선이 왼쪽으로 된 면을 둘째 페이지로 한다. 셋째 페이지는 첫째 페이지의 뒷면으로 하고 넷째 페이지는 둘째 페이지의 뒷면으로 한다. 다시 말하면, 접는 선을 왼쪽으로 두고 1, 2, 3, 4의 페이지 순서가 아니라 1, 3, 2, 4의 순서가 된다.

### 3. 영문 편지의 구성 요소

영문 편지의 구성은 업무 편지와 사교 편지가 조금 다르다. 사교 편지는 업무 편지처럼 엄격하게 규격을 맞추는 것은 아니지만 일반적으로 다음과 같은 여섯 부분으로 구성된다.

(1) Heading - 발신인 주소와 발신일
(2) Inside Address - 수신인 성명과 주소
(3) Salutation - 근계(謹啓)에 해당하는 첫 인사말
(4) Body - 본문
(5) Complimentary Close - 여불비례(餘不備禮)에 해당하는 끝 인사말
(6) Signature - 서명

약식의 편지나 친한 사이의 편지에서는 Inside Address를 생략하는 대신 상대방의 성(姓)과 Salutation을 합쳐서 쓰는 예가 많다. 또한 필요한 경우에는 서명한 뒤에 P.S.=Postscript(추신)를 덧붙여서 쓸 수도 있다( 20 페이지 참조).

## 4. 영국식 양식과 미국식 양식

영문 편지의 양식은 원래 영국에서부터 비롯된 것으로서 미국에서도 옛날에는 영국식 양식을 사용하였으나 타자기가 보급되면서부터 미국식 양식이 생겨나게 되었다. 따라서 이 양자의 차이는 다음과 같은 외형적인 것에 지나지 않는다.

영국식 : Indented Style과 Closed punctuation
미국식 : Block Style과 Open punctuation
최근에는 이 두 양식을 혼합하여 만든 절충형의 양식이 유행되고 있다.

A) Indented Style : 수신인의 성명과 주소를 다음과 같이 비스듬하게 배열하고 본문에서는 각 paragraph의 첫 줄을 left margin(왼쪽 여백)으로부터 오른쪽으로 조금 치우치도록 배열하는 양식이다.

   Mr. L. J. Gladstone,
     International Banking Corporation,
       15 Broadway,
         New York 4, N.Y., U.S.A.

B) Block Style : 수신인의 성명 및 주소와 본문을 일정한 left margin에 맞춰서 수직적으로 배열하는 양식으로써 타자를 치기에는 능률적이지만 paragraph의 구분이 명확하지 않으므로 이 양식을 사용할 경우에는 각 paragraph의 사이에 약간의 여백을 남기는 것이 좋다.

   Mr. Lewis F. Johnson
   International Banking Corporation
   15 Broadway
   New York 4, N.Y., U.S.A.

C) Closed Punctuation : A)의 예와 같이 모든 행의 끝에 구두점을 찍는 형식으로써 날짜의 끝에도 period(마침표)를 표시해야 한다.

D) Open Punctuation : B)의 예와 같이 각 행의 끝에 표시하는 punctuation을 생략하는 형식으로써 날짜의 끝에 표시하는 period도 물론 생략한다. 그러나 각 행의 중간에 있는 comma나 abbreviation mark로서의 period는 생략하지 않는다.

E) Semi-block Style : 수신인의 성명 및 주소는 Block Style로 쓰고, 본문은 각 paragraph의 첫 행을 5자 내지 10자 들어와서 쓰는 배열 양식으로써 시각적인 균형미가 있기 때문에 영국뿐만 아니라 미국에서도 흔히 사용된다. 타이핑의 경우 Block Style을 선호하는 미국인도 펜쓰기에는 이 양식을 많이 사용한다. 이 절충형 양식의 punctuation은 영국에서는 closed punctuation, 미국에서는 open punctuation으로 흔히 사용되고 있으므로 타자를 칠 때에는 상대방에 따라서 분별하여 사용하는 것이 바람직하다.

# 제2부
# 영문 편지의 작성법

영문 편지의 배치도    [Semi-block style & Closed punctuation의 예]

                                      12 Sogong-dong chung-gu,
            ( HEADING )    Seoul, korea.
                                April 12, 1991

Mr. D. K. Howell,
10 Richmond Street,   ( INSIDE ADDRESS )
London, N.W.8.

Dear Sir, ( SALUTATION )
    I wish to inform you that ································
·················( BODY OF THE LETTER ) ····························

                          ( COMPLIMENTARY CLOSE ) Sincerely yours,
                                    ( SIGNATURE ) Soon-ho Lee

P.S. Your parcel has just arrived after writing the above.
    Thank you. ( POSTSCRIPT )

# 제1장  Heading(발신인 주소와 발신일)

Heading은 편지지의 상단 중앙 근처에서 시작하여 그 끝이 right margin 가까이 닿도록 타자한다. 근래에 미국에서는 특히 업무용의 편지에서 Date line 을 편지지의 상단 중앙이나 심지어는 왼쪽에 배열하는 것도 유행하고 있지만 역시 전통적으로 right margin에 닿도록 배열하는 편이 그 아래에 left margin 에서부터 시작되는 수신인의 성명 및 Salutation과도 잘 어울린다고 생각된다.

상대방에게 발신자의 주소를 자세히 쓸 필요가 없는 경우에는 지명(地名) 만 써도 좋지만 지명마저도 생략하는 것은 바람직하지 못하다.

기업체들이 편리를 위해 성명과 회사명 및 주소를 인쇄하여 사용하는 서한 용지의 인쇄된 부분을 letterhead라고 하는데, 때로는 그 용지 전체를 letterhead라고 부르기도 한다. 이 용지를 사용할 때는 주소를 별도로 타자할 필요가 없다.

우리 나라에서도 업무용 편지에 발신일을 쓰지 않는 경우는 거의 없지만 사적인 편지에서는 종종 생략하기도 한다. 영문 편지에서는 크리스마스 카드나 같은 예외적인 경우를 제외하고는 발신일을 대부분 쓰고 있다.

Date Line은 원칙적으로 영국에서는 일, 월, 년의 순서로 쓰고, 미국에서는 월, 일, 년의 순서로 쓴다. 날짜를 숫자만으로 나타내는 약식의 표기법은 미국 식과 영국식을 구별할 수 없기 때문에 혼돈을 일으킬 소지가 있으므로 되도록 이면 쓰지 않는 것이 좋다.

 영국식 ; 3rd April, 1991. 〈약식〉 3/4/91

 미국식 ; April 3, 1991 〈약식〉 4/3/91

영국식 Date line의 끝에는 period(종지부)를 찍고, 미국식 Date line의 끝에는 period를 찍지 않는다. 우리 나라에서는 미국식을 따르는 경향이 있다.

최근에는 영국의 공식적인 외교 서한에서조차도 미국식 Date line을 open punctuation과 함께 사용하고 있는 예를 가끔 볼 수 있다.

또한 미국에서는 Date line을 영국식으로 일, 월, 년의 순서로 적되 그 사이에 puntuation이 없는 inverted date line style을 사용하고 있다(예;3 April 1991).

사적인 편지에서는 약식을 사용해도 무방하겠지만 공식적인 편지나 업무상의 편지에서는 달[月] 이름을 Jan., Feb., Mar. 등과 같이 약어로 표기하지 않고 완전하게 쓰는 것이 관례이다.

# 제2장  Inside Address(수신인 성명과 주소)

## 1. Inside Address를 쓰는 법

편지의 겉봉에 쓰는 수신인의 성명·주소를 Outside Address라고 하는데 비해 편지지에 쓰는 수신인의 성명·주소를 Inside Address라고 한다.

여기서 Address의 의미에는 수신인의 주소 뿐만 아니라 성명도 포함된다.

업무용의 편지는 편지지에도 봉투에서와 같이 수신자명을 정식으로 쓰는 것이 상례이지만 친한 사이의 사적인 편지에서는 상대방의 주소를 지명만으로 쓰기도 한다. 그러나 성명은 철자를 잘못 쓰거나 생략하는 것은 실례가 되므로 반드시 정확하고 완전하게 쓰도록 한다.

또한 친한 사이의 편지에서는 Inside Address를 생략하고 상대방의 성(family name)과 salutation만 합쳐서 쓰기도 한다. 이 경우 given name은 쓰지 않으며 그 initial letter도 쓰지 않는다. 가장 친밀한 사이의 편지에서는 Mr.와 같은 경칭도 생략하고 salutation과 given name만 합쳐서 쓴다.

Inside Address는 Date line에서 2행 정도 아래의 left margin(왼쪽 여백)에서부터 타자한다. 단 외교 문서와 같은 의례적인 편지의 경우에는 Signature의 왼쪽 아래의 left margin에 다섯자 정도 앞으로 나오도록 Indented Style로 타자하기도 한다.

## 2. Title(직위와 경칭)

Inside Address에서 상대방의 성명 앞에는 반드시 Mr., Mrs., Dr., Professor 등의 경칭을 붙여야 한다. 업무용이나 공무용의 편지에서처럼 엄격하지는 않지만 사적인 편지에서도 격식을 차려야 할 경우가 많으므로 여기에서 간단히 설명하기로 한다. 상대방에 대한 경칭은 면접을 할 때의 인사법과 같은 것으로써 첫인상을 주는 것이므로 비록 형식적인 것이긴 하지만 매우 중요한 것이다.

[주] title의 의미에는 직위나 신분이란 뜻 뿐만 아니라 경칭이란 뜻도 포함된다.

(1) 단체명에 대한 명칭

남성 또는 남녀혼성의 단체 이름 앞에는 Mr.의 복수를 뜻하는 프랑스 말인 Messieurs의 약어, Messrs.를 붙인다. 여성단체의 이름 앞에는 역시 프랑스 말인 Mesdames 또는 그 약어인 Mmes.를 붙인다.

법인체의 이름 앞에는 Messrs.를 붙이는 경우도 있고 붙이지 않는 경우도 있다. 영국에서는 정관사 the가 붙지 않는 법인체의 이름 앞에는 Messrs.를 붙이는 것이 관행으로 되어 있으나 미국에서는 Messrs.를 거의 사용하지 않는다.

(2) 개인의 이름에 대한 경칭

남자에 대해서는 Mr., 부인에 대해서는 Mrs., 미혼 여성에 대해서는 연령에 관계없이 Miss를 경칭으로 사용한다. 상대방의 given name이나 그 initial 또는 signature로써 성별을 구별하지 못할 경우에는 상대방의 성별을 확실히 알게 될 때까지 Mr.를 경칭으로 사용해도 무방하다. 기혼과 미혼의 확인이 되지 않은 여성에 대해서는 사실을 알게 될 때까지 Miss를 경칭으로 사용해야 할 것이다. 기혼 여성에게 보내는 사교 편지에서는 남편의 Full Name 앞에 Mrs.를 붙이는 것이 원칙이지만, Business Letter에서는 maiden name(처녀명)과 함께 Miss가 경칭으로 사용되기도 한다.

또한 여배우 등에 대해서도 결혼의 여부와 상관없이 처녀명을 사용하여 앞에 Miss를 붙인다. 회사의 여직원에 대해서는 영어로는 Miss, 불어로는 Mademoiselle, 독어로는 Fräulein, 스페인어로는 Señorita로 부른다. 미망인의 경우는 기혼 여성과 같으나, 이혼녀의 경우는 Miss, Mrs. 어느 것도 붙일 수 있으므로 본인이 좋아하는 쪽을 택해야 할 것이다.

영국에서는 Mr. 보다 더 정중한 경칭인 Esq.(Esquire의 줄임말)를 사용하기도 하는데, 이는 Henry P. James, Esq.와 같이 성명 다음에 comma를 찍고 붙인다. 미국에서는 영사 등 특정한 신분의 사람에게만 Esq.를 붙이는데, 그것도 일상 대화에서는 사용하지 않는다.

Doctor(박사)에 대해서는 반드시 Dr.를 경칭으로 사용해야 하는데, 박사가 아닌 의사와의 구별을 위해서 성명 뒤에 comma를 찍고 M.D.(의학 박사), Phar.D.(약학 박사), D.Sc.(이학 박사), LL.D.(법학 박사), K.Litt.(문학 박사), D.D.(신학 박사), Ph.D.(철학 박사) 등의 약칭을 붙이는 것이 좋다. 박사이며 교수인 사람에 대해서는 Dr.보다 높은 경칭인 Professor를 쓰는 것이 좋을 것이다.

Full Name의 앞에 붙이는 직위의 경칭은 Prof., Gen., Adm., Capt., Gov., Amb. 등과 같은 약자를 사용할 수 있으나, given name 또는 그 initial 없이 surname만 쓰는 경우에는 Professor, General, Admiral, Captain, Governor, Ambassador 등과 같이 원어를 써야 한다.

경칭 중에서 재미있는 것은 영국의 준남작에 대해 붙이는 Sir인데, 이것은 first name과는 떼어 놓을 수 없으며, last name은 생략하는 수도 있다. 예를 들어 Churchill경은 Sir Winston으로는 쓸 수 있으나, Sir Churchill로는 쓰지 않는다. last name만 쓸 경우에는 Mr. Churchill로 쓰는 예가 오히려 많다.

또한 영국에서는 「각하」급의 관리에게는 Mr. 또는 Esq. 대신에 His Excellency를 경칭으로 사용하고 있으나, 미국에서는 외국 대사에 대해서만 이 경칭을 사용한다. 미국의 관리에 대해서는 대개 직위의 높고 낮음과 상관없이 The Honorable(The Hon.)를 붙인다. 이 경우 Mr.는 붙이지 않는다.

그 밖에 왕족, 귀족, 관공리, 성직자 등에 대해서는 그 신분과 경우에 따라서 Title 및 Salutation의 용법이 다르므로 확실한 용법을 알아서 예의에 어긋나지 않도록 써야 할 것이다.

### 3. 이색적인 Surname

(1) Hyphenated Name: 예를 들어 Warren-Knott, Kingsley-Smith 등과 같이 두 개의 성이 hyphen으로 연결되어 있는 Surname의 경우 이것은 그 가문의 어떤 사유로 인해서 두 개의 성이 합쳐져 하나의 성이 된 것이므로 분리해서 쓰거나 생략하지 않는다.

(2) Given Name과 Last Name 사이에 있는 de(불어), von(독일어), van (네덜란드) 등의 전치사는 귀족계를 나타내는 것으로서 성의 일부이므로 생략될 수 없다.

(3) 성의 뒤에 comma를 찍고 덧붙여지는 Jr.(Junior의 약자)나 Ⅱ(the Second의 약자) 등은 부자(父子)가 같은 이름일 경우의 식별명(識別名)으로 given name의 일부이므로 Salutation과 결합되는 last name에서는 제외시켜야 할 것이다.

### 4. 잘못 쓰기 쉬운 성명

last name의 철자나 발음이 다른 단어와 닮아서 혼돈하기 쉬운 것들이 많이 있는데 철자가 조금 다른 것은 조상의 국적이나 민족이 다르기 때문이다. 그러한 성명의 철자를 잘못 쓰면 실례가 되므로 주의해야 한다. 다음은 잘못 쓰기 쉬운 last name의 예이다.

Braun과 Brown, Davis와 Davies, Freeman과 Freemann, Freedman과 Fiedman, MacCarthy와 McCarthy와 M'Carthy, Macdonald와 Mac Donald, Mathew와 Matthews, Mayer와 Meyer와 Meyers, Mollison과 Morrison, Pollak과 Pollack과 Pollock, Snyder와 Schnyder, Straus와 Strauss, Wills와 Willis, Wolf와 Wolfe, Wood와 Woods 등과 같이 많이 있다.

또한 한 글자의 차이로써 보통 명사와 구별되는 성명들도 있는데 그 예를 들어 보면,

Hogg와 hog, Knott와 knot, Wright와 right, Witt와 wit, Cheke와 cheek,

Badmann과 bad man, Browne과 brown, Gamblin과 gambling, Scott와 Scot 등과 같다.

요컨대 수신인의 성명이 잘못 쓰여진 편지는 본문이 아무리 훌륭하다 하더라도 상대방에게 좋은 인상을 주지 못하므로 각별히 주의해야만 한다.

# 제3장  Salutation (인사말)

　영문 편지에서의 Salutation은 한문식 서한문에서의 근계(謹啓)에 해당하는 첫 인사말로서 여러 가지의 문구가 있으며 경우에 따라서는 다른 것도 사용된다. 영문 편지의 본문에서는 계절의 인사말은 불필요한 반면에 Salutation이 중요한 의미를 지니며 비교적 엄격한 용법에 따라서 사용된다.
　Salutation의 단수와 복수의 구별과 성(性)의 구별은 Inside Address의 수신인과 일치시켜야 하며, Inside Address가 생략된 경우에는 Salutation이 Inside Address도 겸하는 것이 된다( 23 페이지 참조).
　Salutation의 위치는 Inside Address의 왼쪽 아래에 한두 행 띄어서 쓴다. 미국식에서는 타자의 경우, 끝에 Colon(:)을 찍고, 육필의 경우에는 Comma(,)를 찍는 것이 일반적이나, 영국식에서는 타자든 육필이든 Comma를 찍는다. 단, Block Form에서는 Colon도 Comma도 찍지 않는다.
　영국식과 미국식을 혼돈하여 쓰는 것은 큰 문제가 되지 않겠지만 단수와 복수의 구별 및 남녀 성별의 구별을 혼돈하여 쓰는 것은 결례나 웃음거리가 될 것이므로 주의해야만 한다.
　이것을 방문에 비유하면 Inside Address는 수위나 비서에게 내미는 명함과 같은 것이므로 제3인칭적이지만, Salutation은 상대방을 대면하여 인사말을 하는 것과 같은 것이므로 친숙한 정도나 상대방의 신분 등에 따라서 표현법이 다르게 되는 것이다.

《Salutation의 용법》

| 단·복 | 상　　대　　방 | 미　국　식 | 영　국　식 |
|---|---|---|---|
| 복　수 | 회사·민간단체 등 | Gentlemen: | Dear Sirs, |

| | | | |
|---|---|---|---|
| 〃 | 관청·공관 등 | Gentlemen:<br>(공식적으로는 Sirs:) | Sirs, |
| 〃 | 여성단체 | Ladies: | Dear Madams, |
| 단 수 | 남자(일반) | Dear Sir: | Dear Sir, |
| 〃 | 〃 (친한 사이) | Dear Mr. ⓐ: | Dear Mr. ⓐ, |
| 〃 | 〃 (절친한 사이) | Dear ⓑ: | My dear ⓑ, |
| 〃 | 〃 (공식) | Sir: | Sir, |
| 〃 | 〃 (각하) | My dear Mr. ⓒ: | Your Excellency, |
| 〃 | 여자(일반) | Dear Madam: | Dear Madam, |
| 〃 | 〃 (친한 부인) | Dear Mrs. ⓐ: | Dear Mrs. ⓐ, |
| 〃 | 〃 (친한 미혼녀) | Dear Miss ⓐ: | Dear Miss ⓐ, |
| 〃 | 〃 (절친한 부인 또는 미혼녀) | Dear ⓑ: | My dear ⓑ, |
| 〃 | 〃 (공식) | Madam: | Madam, |

[주] ① ⓐ에는 last name만 쓴다.

② ⓑ에는 first name만 쓴다.

③ ⓒ에는 President, Justice, Secretary 등의 관직명을 쓴다.

④ 미국에서는 초면인 사람에게 Dear Sir 및 Dear Madam을 거의 쓰지 않고, Dear Mr. ⓐ 또는 Dear Miss ⓐ를 쓰는데, 영국에서는 친한 사이가 아니면 이렇게 쓰지 않는다.

⑤ Gentlemen의 단수인 'Gentleman' 및 Ladies의 단수인 'Lady'는 절대로 쓰지 않는다. 여성 단체에 보내는 편지의 Address에서 사용하는 Mesdames도 Salutation에서는 사용하지 않는다.

⑥ My dear ⓑ는 영국에서는 가장 친한 사이의 Salutation이지만 미국에서는 가장 의례적인 Salutation이다.

⑦ 각하에 대한 Salutation은 제2인칭의 Your Excellency이지만, Address의 경칭에는 제3인칭인 His Excellency를 쓴다.

⑧ Salutation의 뒤에 붙이는 punctuation은 영국식으로는 comma, 미국식으로는 colon을 사용하지만 사교상의 편지에서는 comma를 많이 사용한

다.
⑨ Inside Address를 생략하는 약식의 편지에서는 Salutation에 Family Name 또는 Dear Father, Dear Sweetheart 등과 같이 관계를 나타내는 말을 쓴다.

# 제4장  Body of the Letter(본문)

## 1. 개론

앞에서 설명한 Date Line과 Salutation 및 뒤에 설명할 Complimentary Close 등, 편지의 다른 구성 요소들은 모두 형식적인 것으로서 편지의 알맹이인 Body를 장식하기 위한 것이다. 편지의 내용을 담는 Body를 잘 쓰기 위해서는 생각을 정리하는 능력과 그것을 표현하는 문장력이 있어야 하는데 한국 사람이 외국어인 영어로 훌륭한 편지를 쓰기란 쉬운 일이 아닐 것이다. 그러나 글을 쓰는데 소질이 없는 사람일지라도 이 책의 모범적인 문례(文例)들을 모방하여 영작문을 연습한다면 일반적인 영문 편지를 쓰기 위한 충분한 영어 문장력을 갖추게 될 것이다.

## 2. 서한문의 일곱 가지 원칙

사교용 편지는 기법상 업무용 편지와 같이 복잡하지는 않지만 의사 전달이라는 기본적인 면에서는 공통점이 많다. 그러므로 Seven C's라 일컬어지는 Business English의 일곱 가지 원칙이 사교용 편지의 작문에도 대체로 적용된다.

- Clearness(Clarity, 명료)   • Completeness(완결)   • Conciseness(간결)
- Correctness(정확)   • Courtesy(예의)   • Candor(공명)
- Character(개성)

이 일곱 가지 원칙을 줄여서 Five C's나 Four C's로 말하는 사람들도 있다.

예를 들어 Character는 Sales Letter에서, Candor는 Negotiation Letter에서, Completeness는 Letter of Representation에서는 각기 중요한 원칙이지만, 사교 편지에서는 그다지 중요하지 않을 수도 있다.

사교용 편지에서 가장 필요한 것은 Courtesy인데 그것도 마음에서 우러나오는 Politeness가 아니면 안 된다. 따라서 미사여구를 너무 많이 사용하면 오히려 역효과가 나타날 경우도 있다. 또한 편지를 쓰는 사람이 성실한 태도로 썼음에도 불구하고 상대방의 심리나 환경 또는 관습 등을 잘 알지 못함으로 인해서 상대방의 마음을 상하게 하거나 실례가 되는 예도 있을 수 있으므로 섬세한 배려가 필요하다. 즉, 무엇보다도 중요한 것은 You Attitude(상대방의 입장에서 쓰는 것)이다.

Clearness와 Correctness가 중요하다는 것은 두말할 필요가 없다. 개인의 사사로운 편지일지라도 그 내용이나 의사가 분명하지 않은 것이 되어서는 안 될 것이다. 여기서 Correctness의 뜻에는 문법 및 어법상의 정확함도 포함된다. 어법의 정확성에 따라서 편지를 쓰는 사람의 교양이 나타나게 된다. 그러나 외국어인 영어로 쓰는 것인 만큼 완전히 틀린 문장이 아닌 한 상대방은 이해하며 읽을 것이므로 사소한 실수를 두려워 할 필요는 없다. 오히려 자신의 영어 실력이 최대한으로 발휘되는 영작이 되도록 힘써야 할 것이다. 그러한 영작을 하기 위해서는 모범적인 예문을 모방하여 많이 써 보는 것이 중요하다.

Conciseness는 Business Letter에서는 필수적인 것으로, 사교 편지에서도 문장이 장황하면 호소력이 감소될 것이므로 매우 중요한 요소이다. 옛날에는 접속사나 관계대명사를 많이 사용해서 긴 문장을 쓰는 것이 유행하였지만 그러한 서법은 이내 진부한 것이 되어 버렸고, 최근에는 생각이나 의사를 몇 개의 짧은 문장으로 끊어서 표현하는 간결한 서법이 주로 사용되고 있다.

◇ 장황한 문장의 예

    In spite of my repeated attempts to call you up over the telephone yesterday, your line was busy all the time and I was unable to make contact with you, and, therefore, I am writing this letter, to which I wish you would give me a prompt reply.

[해석] 나는 어제 전화로 당신을 부르기 위해 반복적으로 시도하였음에도 불구하고 언제나 통화중이었기 때문에 통화를 할 수가 없어서 이 편지를 쓰는 것이므로 즉시 회답해 주기 바랍니다.

◇ 짧은 문장의 예
　　I repeatedly tried to telephone you yesterday, but your line was busy all the time. Hence this letter. I would appreciate your prompt reply.
[해석] 나는 어제 귀하와 통화하기 위해 여러번 시도하였으나 항상 통화 중이었습니다. 이 편지에 즉시 회답해 주기 바랍니다.

　　위의 두 문장을 비교하면 후자 쪽이 예의를 갖추고 있으면서도 훨씬 더 간결하고 명료하다.

## 3. Ending Clause

　　다음 장에서 설명할 Complimentary Close의 앞에 쓰는 것으로서 본문을 매듭짓는 종결구를 Ending Clause라고 한다. Closing Sentence라고도 하는 이 Ending Clause는 본문의 전후 관계를 보아서 생략해도 무방하다. 그러나 과거에는 Ending Clause가 편지의 필수적인 구성 요소로 되어 있었고 또한 현재 분사형(~ing)의 문장이 일반적으로 사용되었었다.

◉ 분사형 종결구의 예
　　◇ Hoping this will find you in good health, I am,
　　◇ Wishing you bon voyage and Godspeed, I remain,
　　◇ Thanking you, I am, dear Sir,
　　◇ Thanking you again for your kind thought, we are,
　　◇ Thanking you in advance for your prompt reply, I am,
　　◇ Waiting for your early reply, we remain,

◇ Looking forward to seeing you soon, we remain,
◇ Trusting you will kindly understand the awkward position I am placed in, I beg to remain, dear Madam,
◇ Commending the above to your prompt attention,
◇ Assuring you of my best attention to your interest,
◇ With best wishes,
◇ With kindest personal regards,

위의 예문들에서 I(we) remain, I am, we are, 등은 그 아래의 Complimentary Close에 연결되는 문구이므로 Period가 아니라 Comma로 끊어야 한다. I remain,과 I am,은 같은 뜻으로 사용되는 문구이지만 처음으로 편지를 보내는 경우 I remain,은 사용하지 않는 것이 관례이다. 최근에는 또한 I remain,이나 I am,을 생략한 종결구도 흔히 볼 수 있다. 근래 미국의 통신문 전문가들은 현재분사형의 종결구는 박력이 약하기 때문에 Comma로 끝나는 것이 아니라 Period로 끝나는 완전한 문장을 쓸 것을 역설하고 있다. 어느 쪽이든 저마다의 특징이 있는 것이므로 강한 끝맺음을 원한다면 미국식의 완전한 문장을 종결구로 사용하는 것이 좋고, 여운을 남기는 부드러운 끝맺음을 원한다면 현재분사형의 문장을 사용해도 좋을 것이다.

⊙ 완전한 문장의 종결구 예
　◇ I hope this will find you in the best of your health and spirit.
　◇ I wish you Godspeed and early return home.
　◇ I look forward to the pleasure of having you here soon and a reunion after a long interval.
　◇ My wife joins (with) me in sending you best regards.
　이 밖에도 위 양자를 절충한 종결구도 있다.
⊙ 절충식 문장의 종결구 예
　◇ Believe me, I am,
　◇ In the meantime, I beg to remain,

◇Please answer the above problem, and oblige,
[주]  and oblige는「~해 주시면 고맙겠습니다」의 뜻이고, oblige의 목적격은 서명자이므로 comma를 붙인다.

## 제5장  Complimentary Close (맺음말)

편지의 본문이 끝난 다음에 서명에 앞서 마지막으로 경의를 표명하는 것으로써 서명자의 태도나 마음가짐을 나타내는 문구이다. 끝에는 Period가 아니라 반드시 Comma를 찍는다. 이것은 Inside Address의 경칭이나 Salutation과는 달리 단·복수 및 성별의 구별은 엄격하지 않지만 상대방과의 관계에 따라서 여러 가지로 쓰인다.

◇ Yours truly, 또는 Truly yours,
 (영국에서 가장 많이 쓰는 일반적인 맺음말)
◇ Yours very truly, 또는 Very truly yours,
 (미국에서 일반적으로 많이 쓰는 업무용 편지의 맺음말)
◇ Yours faithfully, 또는 Faithfully yours,
 (영국에서 일반적으로 쓰는 업무용 편지의 맺음말)
◇ Yours sincerely, 또는 Sincerely yours,
 (사적인 편지에서 일반적으로 사용되는 맺음말)
◇ Yours very sincerely, 또는 Very sincerely yours,
 (친한 사이의 편지에 쓰는 맺음말)
◇ Yours as ever,
 (친밀한 느낌의 여성적인 맺음말)
◇ Cordially yours, 또는 Yours cordially,
 (Sincerely yours, 처럼 사교 편지에 주로 사용되는 맺음말이지만 밀접한 회사간의 Business Letter에도 사용된다.)
◇ Gratefully yours,
 (사교 편지에 주로 사용되는 맺음말)

◇ Affectionately yours, Lovingly yours, with love,
　(가족이나 사랑하는 사람에게 보내는 편지에서 쓰는 맺음말)
◇ Yours respectfully, Respectfully yours,
　(지위가 높은 사람에게 보내는 편지에서 쓰는 맺음말)

## 제6장  Signature

서명은 Complimentary Close의 바로 아래에 육필로 쓰며 타자한 편지에서는 육필의 서명 밑에 이름을 다시 타자한다. 서명의 전통적인 위치는 편지의 오른쪽 아래 부분인데, 일부의 급진적인 사람들 중에는 특히 Business Letter에서 Complimentary Close와 서명을 Block Style로 편지의 왼쪽에서부터 시작하는 사람도 있지만 사교편지에는 어울리지 않는다. 전통적인 Style에서는 편지의 왼쪽 아래에 쓰는 서명을 Counter-signature로 해석할 수 있다.

여성이 초면의 사람에게 편지할 경우에는 서명한 다음에 타자한 이름 앞에 Miss 또는 Mrs.를 붙여서 미혼·기혼을 나타내는 것이 좋다.

예:  *Barbara Johnson*
  (Miss) Barbara Johnson
  *Barbara Johnson*
  (Mrs.) Barbara Johnson
또는 *Barbara Johnson*
  (Mrs.) Tom Johnson

서명권이 없는 사원이나 비서가 대리로 서명할 경우에는 서명 앞에 per 또는 by를 붙이거나 회사명 앞에 for를 붙인다.

예:  SEOUL TRADING CORPORATION
  by (or per) *Jong-Su Kim*
또는 For SEOUL TRADING CORPORATION
  *Jong-Su Kim*

편지에 Complimentary Close와 Signature 만을 새로운 페이지에 쓰는 것은 실례가 되므로 적어도 본문의 한 행만이라도 함께 옮겨서 써야 한다.

## 제7장  Postscript

    서명 아래에 약자인 P.S.를 표시하고 쓰는 추신을 말하는 것으로 본문에서 누락된 일이나 본문과 직접적인 관련이 없는 사항을 쓰는 것이 원래의 목적이지만, 최근 미국에서는 의도적으로 특정 사항을 강조하거나 추가 정보를 알리는데 흔히 이용된다. 그러나 Formal Letter에서는 되도록이면 P.S.를 쓰지 않는 것이 좋다.

# 제8장 그 밖의 구성 요소

업무용 편지는 신속하고 정확하게 처리되어야 할 필요가 있기 때문에 다음과 같은 부수적인 난들이 추가되는 것이 일반적이다.
1. Letter Number(발신 번호) 또는 Reference Number(참조 번호)
2. Confidential Remark(기밀 주의)
3. Attention Line(담당자 지정란)
4. Subject Line(제목란)
5. Identification Marks(작성자, 서명자, 타이피스트의 Initials)
6. Carbon-copy Notation(약자-cc:사본 송부 표시)
7. Enclosure(동봉 서류명 표시, Encl:로 생략한다)

## 제3부
## 편지 봉투

## 제1장  봉투에 주소 쓰는 법

### 1. 수신인 성명·주소의 위치

[예 1 Block Style의 경우]

```
Chul-su Kim
23-12 Pil-dong, Chung-gu
Seoul 100-271
KOREA
                                    Postage
                                     stamp

                                VIA AIRMAIL
           Mr. Henry Johnson
           232 Fifth Avenue
           New York, N. Y. 10054
           U.S.A.
```

[예 2 Indented Style의 경우]

```
Henry Johnson
   232 Fifth Avenue
      New York, N.Y. 10054
         U.S.A.
                                    Postage
                                     stamp

                                VIA AIRMAIL
           Mr. Chul-su Kim
              23-12 Pil-dong, Chung-gu
                 Seoul 100-271
```

|        KOREA        |

봉투에 쓰는 주소를 Outside Address, Envelope Address, 또는 드물게는 Superscription이라고 한다. 주소를 쓰는 위치는 봉투의 크기에 따라서 다소 다르지만 대체적으로 수신인의 성명과 주소는 봉투의 오른쪽 아래에 쓰고, 발신인의 성명과 주소는 봉투의 왼쪽 위에 쓴다. 발신인의 주소는 봉투의 뒷면에 쓸 수도 있지만 앞면에 쓰는 것이 더 좋다. VIA AIRMAIL이나 REGISTERED 등과 우편 취급에 관한 지정은 수신인 주소의 위, 우표 바로 아래에 쓴다.

그 밖에도 수신인을 지정하는 Attention표시나 Confidential(친전), Please Forward(전송 요망), Sample of No Commercial Value(무상 견본) 등은 봉투의 왼쪽 아래에 쓴다.

## 2. 봉투의 수신인 주소 쓰는 법

수신인의 성명과 주소는 보통 다음과 같은 순서로 쓴다.

이  름
번지, 동 이름
시·주(도) 이름
나라 이름

Block Style with open puntuation.
(Indented Style에서는 각 행을 얼마 만큼씩 들어가서 시작한다.)

[주] 영국식으로는 번지의 뒤에 Comma를 찍지만 미국식에서는 생략한다. 또한 독일식에서는 번지, 동·시 이름의 순서를 거꾸로 쓰지만 영·미에서도 배달이 안 되는 일은 없다.

Indented Style과 Block Style 중에서 어느 Style로 쓰는가는 작성자의 자유이겠지만 최근에는 주로 Block Style이 사용되고 있다.

앞의 예는 open puntuation이므로 각 단락의 마지막에 comma를 찍지 않지만 closed puntuation에서는 comma와 period를 찍는다.

Informal Letter에서는 번지, 동 이름, 빌딩 이름 등을 약자로 쓰는 일도 있지만 전부 다 쓰는 것이 한결 정중한 표현이다. 미국의 주 이름도 요사이는 완전히 쓰는 것이 상례이나, 다만 수도 Washington은 District of Columbia로 다 쓰지 않고 Washington, D.C.로 쓴다. 유명한 빌딩 이름을 쓸 경우에는 주소를 생략해도 좋은 것으로 생각하기 쉬우나 우체국에서는 빌딩 이름보다는 주소를 쓰는 쪽을 바라고 있다. 또한 약자를 사용하는 경우에는 혼란을 일으키지 않도록 다음과 같이 명료하게 쓰지 않으면 안 된다.

| Informal Address(약식 주소) | Formal Address(정식 주소) |
|---|---|
| (1) 500, 5th Ave. | (1) 500 Fifth Avenue |
| (2) 245 E 2nd St. | (2) 245 East Second Street |
| (3) 25, 27th Ave. | (3) 25, 27th Avenue |
| (4) 15 S. Blvd. | (4) 15 South Boulevard |
| (5) Stock Ex. Bldg. | (5) The Stock Exchange Building |

[주] 동 이름의 숫자는 11이하는 전부 쓰고 12이상은 숫자로 쓰는 쪽이 알기 쉽다. 또 시 이름의 뒤에 postal zone이나 ZIP(Zone Improvement Program;우편 번호) code가 붙어 있을 경우에는 그것도 빠뜨리지 않고 써야 한다.

### 3. Post Office Box No.(우편 사서함 번호)

통상 P.O. Box No. 로 생략하거나 No.마저도 생략해서 쓴다. 하나의 시에 여러 개의 구가 있는 경우에는 구 이름도 반드시 써야 한다. 구 이름을 쓰는 위치는 앞에 쓰는 것이 원칙이다.

P.O. Box를 불어로는 Boite Postale, 독일어로는 Postfach, 스페인어로는 Apartado Postal 또는 Casilla de Correo, 포르투칼어로는 Caixa Postal이라고 한다.

## 4. Care of(⋯⋯댁, 방(方))

정식으로는 in care of이지만 통상 c/o로 약해서 사용한다.

회사, 단체, 가족 등의 일원인 수취인명에는 c/o를 사용하지 않는 것이 좋다. 또한 Hotel, Pension, Apartment 등의 고정 숙박인이나 거주인이 수취인인 경우에는 c/o를 써도 좋고 쓰지 않아도 좋다.

전보에서 전신 약호를 이용해서 개인에게 타전하는 경우에는 개인명과 전신 약호 사이에 c/o를 넣지 않으면 어느 것이 전신 약호인지를 판별할 수 없기 때문에 배달 불능이 될 우려가 있다.

## 5. c/o Postmaster(우체국 유치 의뢰)

행선지는 정해져 있으나 연락선이나 숙박소가 미정인 여행자가 발신인과 미리 약속을 해 둠으로써 편리하게 이용할 수 있는 방법이다. 즉 여행자인 수신인이 우체국을 통해서 편지를 받아 보는 방법이다. 영국에서는 c/o Postmaster 대신에 Poste Restante라는 불어를 사용하기도 한다. 미국에서는 General Delivery라고도 한다.

[예 3 우체국 유치 의뢰]

```
―――――――――― ⎫
――――――――――  ⎬ 발신인의 주소        [Postage stamp]
――――――――――  ⎭

        Mr. Hans Erickson,
            Poste Restante(또는 c/o Postmaster),
            General Post Office,
```

> Edinburgh,
> Great Britain.(또는 United Kingdom.)

[주] Edinburgh, England라고 쓰는 것은 금물이다. 스코틀랜드 사람은 향토 의식이 강하므로 England는 Wales, Scotland, Northern Ireland 등과 같이 The United Kingdom of Great Britain and Northern Ireland의 한 지방에 불과하다고 말할지도 모르기 때문이다. Cardiff(Wales), Belfast(Northern Ireland) 등도 이에 준한다.

## 6. Postal Directions(우편 취급 지시)

Air Mail(붙어로는 Par Avion), Sea Mail(선편), Surface Mail via Pacific/Overland(태평양 경유 수송 우편물), Express Delivery(영국 ; 속달), Special Delivery(미국 ; 속달), Registered(등기), Printed Matters(인쇄물), Do Not Fold(접지 말 것), Fragile(파손 주의) 등과 같은 우편 취급상의 주의는 수신인 주소 바로 위에 타자한다.

## 7. Notations to Recipients(수취인에 대한 지시)

Personal(친전), Private(사신), Rush 또는 Urgent(지급), Hold for Arrival(특정 수취인 도착까지 유치), Please Forward(전송 요망) 등과 같은 수신인에 관한 지시는 봉투의 왼쪽 아래 여백에 타자한다.

[예 4 우편 취급의 지시와 수취인에 대한 지시]

| _____ | Postage |
| _____ | stamp |

```
                         AIR MAIL    REGISTERED
            Mr. _____
                _____
                _____
                _____
 Private (또는 Personal)
```

인편으로 보낼 경우에는 탁송자(託送者)의 이름을 표시하기 위해서 봉투의 왼쪽 아래에 By(또는 Through) The Courtesy(또는 Kindness) of~라고 쓴다.

소개장을 넣을 경우에는 이 여백에 Introducing~라고 쓴다.

## 8. 지명과 국명에 관한 주의

상대방의 주소를 적을 때 오기하거나 철자를 틀리게 적으면 배달이 안 될 우려가 있을 뿐만 아니라 상대방에 대한 실례가 되므로 반드시 정확히 써야만 한다.

미국의 도시명에는 반드시 주(州)명을 써야 한다. 같은 이름의 도시가 여러 주에 있고 도시명과 주명이 같은 것도 있기 때문이다.

London의 동(洞)명에 있어서도 같은 고유 명사에 Avenue, Boulevard, Crescent, Gardens, Green, Grove, Lane, Park, Place, Road, Square, Street, Terrace, Walk 중에서 어느 것이 붙느냐에 따라서 전혀 다른 곳이 되는 지명이 많고, 또 같은 이름의 동명이 다른 우편구(區)(E.C.2;S.W.5 등)에도 있는 경우가 있으므로 각별히 주의해서 정확히 쓰지 않으면 안 된다.

국명에는 통용되는 명칭과 공식적인 명칭이 있는 경우도 있고 또 정관사 The가 붙거나 복수형으로 되어 있는 것도 있는데, 특히 공식 서한에서 상대방의 국명을 바르게 쓰지 않는다면 실례가 될 뿐만 아니라 편지 작성자의 무식함을 들어내는 결과가 될 것이므로 정확히 써야 할 것이다.

다음은 상식으로 알아 두어야 할 각국의 영어 명칭이다.

## 〈각 국의 영어 명칭〉

| 국 명 | 공식 영어명 | 통용 영어명 | 형용사 |
|---|---|---|---|
| 미 국 | The United States of America | The United States; The U.S.A.; America | U.S.; American |
| 영 국 | The United Kingdom (of Great Britain & Northern Ireland) | Great Britain; Britain; England | U.K.; British; English |
| 네덜란드 | The Netherlands | Holland | Netherlandish; Dutch |
| 필 리 핀 | The Republic of the Philippines | The Philippines | Philippine; Filippine (속) |
| 타 이 | The Kingdom of Thailand | Thailand | Thai; Siamese (구) |
| 말레이시아 | The Federation of Malaysia | Malaysia | Malaysian; Malayan (구) |
| 인도네시아 | The Republic of Indonesia | Indonesia | Indonesian |
| 독 일 | Federal Republic of Germany | Germany | German |
| 남아프리카 | The Republic of South Africa | South Africa | South African |
| 중 국 | The People's Republic of China | China; Mainland China; Communist China (속) | Chinese; Red Chinese (속) |
| 자유중국 | The Republic of China | Nationalist China; Taiwan (속) | Chinese; Taiwanese (속) |
| 소 련 | The Union of Soviet Socialist Republics | The Soviet Union; U.S.S.R.; Russia (구) | Soviet; Russian (구) |

 Sudan도 흔히 The Sudan이라고 부르지만 정관사 The가 반드시 필요한 것은 아니다.

[주] ① 위의 표에서 구와 속으로 표시된 명칭의 사용은 되도록이면 피하는 것이 좋고 특히 Red China 등은 절대로 사용해서는 안 된다.
② 지명에 연속해서 쓰는 국명은 동위 명사의 용법에 준해서 정관사 The를 생략한다. 그러나 The Netherlands와 The Philippines의 경우에는 The

를 생략하지 않는다.

③ The United States, The Netherlands, The Philippines 등은 복수형의 고유 명사이지만 문법적으로는 단수로 취급한다.

(예)  The United States is economically pressed by Japan.

이 장에서 기술한 봉투 쓰는 법은 대부분이 Inside Address 쓰는 법에도 적용된다.

## 제2장  엽서 쓰는 법

　엽서는 그 자체가 약식의 것이므로 수신인의 주소는 표면(우표를 붙이는 면, 그림 엽서의 경우는 뒷면의 오른쪽)에 쓰는 것만으로 충분하다. 발신인의 주소도 보통의 엽서에서는 표면의 왼쪽 위에 쓰고 그림 엽서에서는 흔히 생략하지만 필요한 경우에는 통신란의 최상부에 쓴다. Date는 필요하나 Salutation은 흔히 생략된다. 문장도 가능한 한 간략하게 만들고 의미가 통하는 한은 주어 I를 생략해도 좋다. Complimentary Close도 Sincerely나 Yours와 같은 한 단어로 쓰는 것이 좋고 완전히 생략해도 무방하다.
　Signature는 물론 Full로 서명해도 좋으나 친한 사이라면 First Name이나 Last Name 또는 initials 만으로 써도 좋다.

[예 1]

February 10, 1991
Dear Mr. Russell,
　　So glad to inform you that I shall be arriving in your city on February 18th by Korean Air Line, Flight No. 112, scheduled to arrive at 5:15 p.m(local time). Please reserve a room with bath.

　　　　　　　　　　　　　　　　　　Yours truly,
　　　　　　　　　　　　　　　　　　Sung-ju Lee

[해석]　2월 18일 하오 5시 15분에 도착할 예정인 대한 항공 112편으로 그곳에

도착할 예정임을 알려드립니다. 욕실이 있는 방을 예약해 주십시오.

[예 2] 그림 엽서

*"Fishing from Jetties - South Padre"*

> Feb. 17, 1991
> Dear Mr. Lee,
>     I would like to know more about your book. In November, we fished at this spot at the southern tip of Texas.
>
>                                             Best regards,
>                                             Gertrude Durning

[해석] 당신의 책에 관해서 더 알고 싶습니다. 11월에 우리들은 텍사스의 남단에 있는 이 곳(사진의 장소)에서 낚시를 했습니다.

# 제4부
# 편지문의 실례

# 제1장  축하장과 답례장
## Greetings, Congratulations and Acknowledgements

### 1. 크리스마스 및 신년 연하장

구미의 축제일 중에서는 크리스마스가 신년보다 더 중요한 날로 되어 있지만 양일이 접근되어 있기 때문에 크리스마스 카드에 신년 축하도 함께 쓰는 것이 보통이다. 크리스마스에서 신년까지의 기간을 Holiday Season이라고 하며, 이 기간 중에 만났을 때나 서신을 통해 「크리스마스와 신년을 축하합니다」라고 말하는 인사말을 Season's Greetings라고 한다.

크리스마스를 X-mas로 약해서 쓰기도 하는데 이것은 Christ를 뜻하는 그리스어의 initial인 X에다 축제일을 뜻하는 영어의 mas를 붙인 것이다. 크리스마스 기간을 또한 Yule 또는 Yuletide라고도 한다.

크리스마스 카드는 성탄일 전에 도착되도록 보내야 하고 연하장은 새해 초에 도착하도록 보내야 한다.

[예 1  크리스마스 카드]

크리스마스 카드에는 자신이 만든 문구를 인쇄한 것도 있지만 일반적으로는 관용적인 문구가 인쇄된 카드에 서명만 육필로 쓰는 것이 많다. 평소에 소식을 전하지 못한 사람에게는 편지를 쓰거나 카드 안에 편지를 동봉할 수도 있다.

Dear Sangwoo

How<sup>①</sup> are you? Hope this finds you in the best of health. Do you still have your pipes?

We often think of you and the good times we had and wish we could see you again. We are all well.<sup>②</sup> My mother is fine.<sup>②</sup> She still lives by herself<sup>③</sup> in Dallas. Although I have<sup>④</sup> travelled all over the states<sup>⑤</sup> for the past year, I have<sup>④</sup> only<sup>⑥</sup> spent two days in Dallas. So I didn't get to see<sup>⑦</sup> any of the old gang.<sup>⑧</sup>

Well don't work too hard and take things easy.<sup>⑨</sup> Don't forget us and drop<sup>⑩</sup> us a line or two. Always glad to hear from you. The best of everything for the New Year.

              Yours truly,
                Charles

[해석] 친애하는 상우

안녕하십니까? 이 편지가 아주 건강한 상태의 당신을 만나게 되길 바랍니다. 아직도 파이프를 사용하고 있는지요?

우리들은 당신과 즐겁게 보냈던 시간을 자주 생각하며 다시 만날 수 있기를 바랍니다. 우리들은 모두 잘 있습니다. 나의 어머니는 건강하십니다. 어머니는 아직도 달라스에서 홀로 살고 계십니다. 나는 지난 일 년 동안 전국을 여행하였습니다만 달라스에서는 단지 이틀만 보냈습니다. 그래서 옛친구들은 아무도 만나 볼 수가 없었습니다.

그리고 너무 열심히 일하지 말고 편안한 마음을 가지기 바랍니다. 우리들을 잊지 말고 편지를 주십시오. 당신으로부터 소식을 듣는 것은 항상 즐거움이니까요. 새해에는 모든 일이 최상으로 되길 기원합니다.

[주] ① How are you?는 How are you getting along?과 같은 말로 직역하기보다는 「안녕하십니까?」로 의역하는 쪽이 낫다.

② We are well, We are doing well, We are doing fine 등은 모두 「건강하게 잘 지낸다」는 뜻이다. fine은 속어적이다.

③ by herself(himself)는 「그녀(그) 혼자서」의 뜻이다.

④ I have travelled는 현재완료형으로 되어도 좋지만, I have only spent의 have는 필요치 않은 것으로서 단순과거형으로 되는 것이 낫다.
⑤ states는 미국의 주들을 뜻하므로 all over the states를 전국으로 옮긴다.
⑥ only spent two days는 spent only two days가 옳다.
⑦ didn't get to see는 could not see와 같은 뜻이다.
⑧ the old gang은 the old guys와 같은 뜻의 slang인데「옛악당」이라고 직역하기보다는「옛친구」로 의역하는 편이 낫다.
⑨ take things easy는「매사를 대범하게 생각하다」,「잔 걱정을 하지 않다」의 뜻으로서 Take it easy, Never mind, Don't worry 등과 같이 위로할 때 쓰는 말이다. easy going은「낙천적인」,「마음을 편안히 가진」의 뜻이다.
⑩ drop a line or two는「이따금 편지를 주시오」의 뜻. Please write me a letter는「꼭 편지를 주시오」의 뜻으로서 강요적인데 비해 이 표현은 상대방에게 부담을 주지 않는다.

[예 2 크리스마스 메시지]

>                                         Los Angeles, California
>                                         December 17th, 1990
> Dear Thomas
>     This is to wish you and all our L.A. friends in Seoul A Merry Christmas and A Happy New Year. Kindly pass this message on to all the others.
>     With kindest regards to you all,
>         We remain,
>                             Yours sincerely,
>                             Jack & Margaret Talbot

[해석]  친애하는 토마스
     서울에 있는 모든 L.A.의 친구들에게 성탄과 신년을 축하합니다. 이 메시

지를 다른 모든 사람들에게도 전해주기 바랍니다.

[예 3 크리스마스의 편지에 대한 답장]

Dear Mr. Hann

    Thank you for your interesting letter conveying the Season's Greetings, which I warmly reciprocate.[①]

    I agree with you that world conditions are much more promising and, if the will of our peoples[②] could only be effectively expressed, we could certainly enjoy international peace and prosperity for many years to come but the twisted minds of a few power-hungry men are still playing frightfulness in politics.

    I am glad to hear that you are retaining[③] and enjoying a less strenuous business interest which, in my opinion, is a good thing to do.

    I trust that the New Year will bring to you and your family continued good health and happiness.

Yours sincerely,

[해석] 친애하는 한씨

    크리스마스 인사를 전하는 귀하의 반가운 편지에 감사하며 이에 답장을 드립니다.

    세계의 정세가 상당히 호전되고 있다는 귀하의 견해에 동의합니다. 우리들 양 국민의 의사가 효과적으로 표현될 수만 있다면 앞으로 올 여러 해 동안 우리들은 확실히 국제적인 평화와 번영을 향유할 수 있을 것입니다. 하지만 아직도 권세에 굶주린 소수의 왜곡된 마음이 정치에 있어서 위압 정책을 펴고 있습니다.

    귀하가 한직을 유지하며 또 향유하고 있다는 소식은 반가우며 본인의 견해로는 좋은 일이라고 생각합니다.

새해에는 귀하와 귀하의 가족에게 지속적인 건강과 행복이 깃들 것으로 확신합니다.

이 편지의 당사자들은 business friend의 관계이므로 편지를 쓰는 방법이 business letter에 상당히 접근하고 있다.

[주] ① reciprocate는 「보답하다」, 「주고 받다」 등의 뜻인데, 「보복하다」의 나쁜 뜻으로도 사용된다.

② people은 복수형일 때는 모든 국민을 뜻하나, our peoples는 「우리들 양 국민」 또는 「세계의 모든 민족」을 뜻한다.

③ retain과 maintain은 비슷한 뜻을 갖지만 전자는 「보유하다」, 후자는 「유지하다」로서 의미가 조금 다르다. [참고] retainer 또는 retaining fee는 「변호사 의뢰료」를 뜻하고, maintenance는 「유지」 또는 「부조비」, maintaining expense는 상점이나 설비의 「유지비」를 뜻한다.

[예 4 연하 편지]

---

                                          (Heading)
    (Inside Address)
    Dear Mr. Smith :
        I wish to offer you my best wishes for the New Year. As I recall the past years, I was especially favored with your kind patronage, for which I offer you my best thanks.
        Again wishing you compliments of the season.
                                          Yours truly,
                                          Min-ho Chang

---

[해석] 새해를 맞이하여 만복이 깃들길 기원합니다. 지난 여러 해 동안 귀하께서 저를 특히 후원해 주신 것을 회상하며 심심한 사의를 표합니다.
근하 신년의 인사를 다시 드립니다.

## 2. St. Valentine's Day 카드

3세기경 로마의 그리스도교 순교자 St. Valentine의 축제일인 2월 14일에 서양인들은 이성에게 카드를 보내는데, 다음은 그 한 예이다.

[카드의 뒷면에 쓴 편지]

> Dear Friends,
>     On February 14th we have "Valentine's Day" on which we send cards, candy or other small gifts to people we particularly like.
>     We hope you are all well. I see by the weather forecast that you are having cold weather, too. Dallas doesn't have any snow yet but it is down to $-8F$.
>                               Sincerely,
>                               Katherine & Lewis Russel

[해석] 2월 14일은 Valentine's Day입니다. 이 날에 우리들은 특히 좋아하는 사람들에게 카드, 사탕 또는 그 밖의 작은 선물을 보냅니다.
    여러분들이 모두 잘 지내고 있길 바랍니다. 일기 예보에 의해서 그쪽도 추운 날씨가 계속되고 있음을 압니다. 달라스에는 아직 눈이 내리지는 않았지만 화씨 −8도까지 기온이 내려갔습니다.

>     We are very pleased to learn that you will be visiting New York in November. Our heartiest welcome to you to New York!
>     Thank you for your card.
>                                 Yours sincerely,

[해석] 당신께서 11월에 뉴욕을 방문한다는 소식을 접하게 되어 기쁩니다. 뉴욕 방문을 진심으로 환영합니다! 카드 고마웠습니다.

[주] be pleased to learn that은 that 이하의 사실을 알게 되어 기쁘다는 뜻이며, 상황에 따라서 learn 대신에 know 또는 hear를 넣을 수도 있다.

10월 31일의 저녁은 Halloween(제성 첨례)의 전야이다. 서양에서는 이 날에 온 세상의 도깨비가 한 자리에 모인다는 전설에 따라서 어린이들은 박으로 만든 도깨비 가면을 쓰고 밤을 지새며 장난스런 행동을 하고, 어른들은 masquerade(가면 무도회)를 열어 상대가 누구이든 밤이 새도록 춤을 추거나 장난스런 Halloween 카드를 보내는 풍습이 있다.

Halloween 카드의 뒷면에는 도깨비에 관한 장난스런 광시가 인쇄되는 것이 보통이지만 이 검은 고양이 그림 카드의 뒷면에는 뉴욕 방문 계획에 대한 앞 페이지의 답신이 적혀 있다.

## 3. 생일 축하

(Heading)

(Inside Address)
Dear Mr. Thomas:

I recall that your birthday is just around the corner[①] and suppose your family is planning some surprise for you. Being far apart[②] on both sides of the ocean, I cannot stretch my hand to shake with you. So I hasten to write this letter to offer you my wholehearted congratulations and best wishes for many happy returns[3] of your birthday.

　Please give my best regards to your family.

Yours sincerely,<br>Jong-Su Park

[해석] 당신의 생일이 가까이 다가와 있음을 상기합니다. 아마도 당신의 가족들은 당신을 위해 놀랄만한 일을 계획하고 있을 것으로 상상합니다. 대양의 양쪽에서 멀리 떨어져 있으므로 축하의 악수를 하기 위해 손을 뻗칠 수 없군요. 그래서 당신의 생일에 대한 마음으로부터의 축하와 건강하심을 기원하는 이 편지를 서둘러서 씁니다.

　가족들에게도 안부를 전해주시기 바랍니다.

[주] ① around the corner는 「가까이 있는」의 뜻.
② apart=separated=far between「떨어져 있는」.
③ many happy returns of your birthday는 관용적인 어구로서 장수를 기원하는 뜻이다.

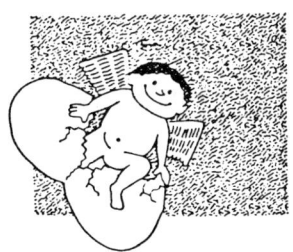

전세계적으로 생일은 중요한 축일이므로 가족은 물론이고 친지들이 선물이나 축하장을 보내는 것이 일반적인 일이다.

　상대방과의 친숙도에 따라서 축하장을 쓰는 법이 다르게 되는 것은 당연하지만 외국인 사이에서는 명문보다 간결하면서도 진심이 전달되는 문장으로 쓰는 쪽이 좋을 것이다.

[응용 예문]
　◇ With my wholehearted congratulations and best wishes for many hap-

py returns of your birthdays.
◇ Wishing you many happy returns of your birthday.
◇ All my family unite(join with me) in sending you hearty greetings on your happy birthday.

위의 예문들은 생일 선물을 보낼 때의 메모나 카드에도 쓸 수 있는 것들이나 다음의 예문들은 선물을 보낼 때만 쓰는 문구이다.

◇ Please accept the accompanying trifle(또는 humble present; small gift) in token(또는 as a token) of my best wishes for your happy birthday.
◇ With compliments and best wishes for your happy birthday from the Kims.

[주] With(the) compliments of는 선물을 보낼 때 쓰는 관용적인 용어이다.

## 4. 생일 축하 편지에 대한 답장

(Heading)

Dear Mr. Park:

Thank you very much for your warm wishes for my birthday. It reminds me of the very pleasant occasion I enjoyed at the nice dinner[1] you gave me at your home on my birthday last year. Today I am celebrating it with my family[2] and have told them about my birthday in Seoul. I hope for an opportunity to reciprocate your hospitality here.

With kindest regards to you and your family,

Sincerely yours,

B.W. Thomas

[해석] 저의 생일을 축하해 주신 데 대해 감사를 드립니다. 지난 해 저의 생일에 당신의 댁에서 베풀어 주신 만찬회에서 매우 즐거운 시간을 가졌던 것

이 생각납니다. 오늘은 저의 가족과 함께 생일을 자축하며 서울에서 보냈던 저의 생일에 관해 가족들에게 말해줬습니다. 당신의 환대에 대해 이곳에서 보답할 기회를 가질 수 있기를 희망합니다.

당신과 당신의 가족에게 안부를 전하며,

[주] ① dinner는 정찬을 뜻하지만 손님을 초대하는 오찬, 만찬의 뜻으로도 많이 사용된다.
② family는 집합적으로 양친, 자녀, 하인도 포함하는 가족을 뜻하나 좁은 의미로는 자녀를 뜻한다.

[응용 예문]
◇ Many thanks for your greetings on my birthday.
◇ I deeply appreciate your kind thoughts which prompted your gracious wishes and splendid gift for my birthday.
(저의 생일을 위해서 우아한 호의와 선물을 보내 주신 당신의 친절에 대해 심심한 감사를 드립니다.)
◇ Your thoughtful birthday present came as a great surprise. I cannot find enough words to express my gratification and gratitude to you.
(당신의 친절한 선물에 크게 감탄하였습니다. 저의 기쁨과 감사의 뜻을 표현할 충분한 말을 찾지 못하겠습니다.)
◇ It is most kind of you to have remembered my birthday in such a generous way. Your souvenir will always remind me of your friendship.
(저의 생일을 그처럼 호의적으로 기억해 주신 지극한 친절에 대해 감사합니다. 당신의 선물은 언제나 당신의 우정을 상기시켜 줄 것입니다.)
◇ It was very sweet of you indeed to send the lovely flowers on my birthday. Everybody at our family-dinner table admired them.
(저의 생일에 아름다운 꽃을 보내 주신 친절에 감사합니다. 저희 가족 식탁에서 모든 사람들이 그 꽃에 찬사를 보냈습니다.)
◇ How nice of you to remember my birthday, and even more, with such

an elegant gift! Please accept my heartiest thanks.
(저의 생일을 기억해 주시고 더욱이 우아한 선물을 보내 주신 당신은 정말 고마우신 분입니다. 저의 깊은 감사를 받아 주십시오.)

## 5. 결혼 축하

결혼의 의식은 지역, 인종, 종교 등에 따라서 다소 차이가 있지만, 서양에서의 가장 일반적인 방법은 교회에서 결혼식을 거행한 후에 신랑의 양친댁이나 호텔 등에서 피로연을 하는 방식이다. 이 경우 교회의 결혼식장에 초대되는 사람은 광범위하지만 피로연에 참석하는 사람은 가까운 친척과 친지에 한정된다. 피로연은 대개 다과를 대접하는 정도로 간소하게 하는 경우가 많고, 교회에서 신랑 신부가 하객들에게 인사하는 것만으로 피로연을 생략하는 경우도 드물지 않다.

결혼을 알리는 청첩장은 초대장과는 별도로 광범위하게 발송되는 일이 많다. 결혼 청첩장을 직접 받거나 다른 사람으로부터 전해 들었을 경우 매우 친한 사이의 사람은 선물을 보내겠지만 그다지 친밀한 사이가 아닌 사람은 축하장을 보내는 것이 오히려 예절 바른 일일 것이다.

[예 1 외국인 친구의 결혼을 축하하는 편지]

(Heading)

(Inside Address)
Dear Mr. Smith,

Your letter announcing your marriage in New York last week indeed delighted me so much. Today the big news of your marriage was informed to our mutual friends here and all of them hoorayed for you.

I suppose you and your wife will be pretty busy for some time in your house arrangement. But don't forget to bring your wife over to Korea when you make your next visit to Korea. All your friends here will look forward to meeting your wife.

With best wishes for every happiness to you both,

Sincerely,

Jin-woo seo

[해석] 지난주 뉴욕에서의 당신의 결혼을 알리는 편지는 참으로 저를 기쁘게 했습니다. 오늘 그 큰 소식을 이곳에 있는 친구들에게 알렸는데 그들은 모두 당신을 위해 만세하고 외쳤습니다.

추측컨대 당신과 당신의 부인께서는 당분간 집안 정돈으로 꾀 바쁘리라 생각됩니다. 그러나 다음 한국 방문 때에는 잊지 마시고 부인도 동반하시길 바랍니다. 이곳의 모든 친구들은 당신의 부인을 만날 수 있기를 고대합니다.

두 사람의 행복을 빌며,

[주] 결혼을 축하하는 간단한 문구로는 다음과 같은 것들이 있다.
  ◇ Warmest congratulations from my heart on your marriage.
   (당신의 결혼을 진심으로 축하합니다.)
  ◇ Please accept the small gift and my heartiest congratulations on the happiest event of your life
   (당신의 생애에서 가장 행복한 날에 보내는 작은 선물과 진심 어린 축하를 받아 주십시오.)

[예 2 딸의 결혼을 앞둔 부모에게 보내는 편지]

(Heading)

(Inside Address)

Dear Mr. and Mrs. Greenwood,

 My wife and I was delighted[①] to receive your letter announcing that your beloved daughter is going to be married soon. When we made our first visit to your country twelve years ago, that little darling, as we remember, was just eleven years old. Now we can visualize how lovely a bride she would become.

 As a humble token of our heartfelt congratulation on your, and of course, her auspicious[②] occasion, we are sending you under air-parcel a china tea set.

 With best wishes for your grand event and happy married life of your daughter,

Sincerely yours,<br>In-ho Choi

[해석] 친애하는 Greenwood 부처께,

 저의 아내와 저는 귀댁의 영애가 곧 결혼하리라는 두 분의 편지를 받고 매우 기뻤습니다. 12년 전에 우리가 당신의 나라를 처음으로 방문했을 때 영애는 겨우 11세였습니다만 이제 우리들은 그녀가 아름다운 신부가 되리라는 것을 마음속에 그려 볼 수 있게 되었습니다.

 두 분은 물론이고 그녀의 경사를 충심으로 축하하는 기념품으로서 도자기 찻잔 한 세트를 항공 소포로 보냅니다.

 성대한 결혼식과 영애의 행복한 결혼 생활을 기원합니다.

[주] ① be pleased to~와 be delighted to~는 같은 뜻이지만 be pleased to~는 의례적인 관용구이므로 표현력이 부족하다. 진실한 기쁨을 표현하기 위해서는 (I am) delighted to~나 rejoiced to~를 쓰는 쪽이 낫다.

② auspicious occasion은 「경사스런 때」의 뜻인데 두 단어를 합쳐서 "경

사"로 번역한다.

## 6. 결혼 축하에 대한 답장

(Heading)

(Inside Address)
Dear Mr. Kim,

I highly appreciate your kind letter of January 15 congratulating me on our marriage. I got acquainted with my wife in the church and found a great deal of mutual congeniality between us. So we decided to become life partners.

My parents bought for us a cosy cottage by the River, over which we can see the Canadian side. We are as happy as can be, but at the same time are kept quite busy, as you say, in our efforts to make our home more comfortable.

My wife has a great interest in things Korean, and so I am promising to take her to Seoul at our first opportunity. In the meantime, however, don't fail to stop at our house when you come in this direction.

Please pass my thanks and best regards to our mutual friends near you.

Thanking you again for your cordiality,

Sincerely yours,
D.M.Harrison

[해석] 우리들의 결혼을 축하하는 1월 28일자의 당신의 편지에 대해 감사합니다. 저는 저의 아내를 교회에서 알게 되었는데, 상호간에 많은 친화성을 발견하여 인생의 반려자가 되기로 결정하였습니다.

저의 부모님께서는 저희들을 위해서 디트로이트 강변의 작은 집을 사 주셨는데 이곳으로부터는 캐나다가 보입니다. 저희는 최상으로 행복한 동시에 당신의 말처럼 저희들의 가정을 보다 더 안락하게 만들기 위해 바쁘기도 합니다.

아내는 한국의 사정에 큰 관심을 가지고 있으므로 기회가 있으면 그녀를 서울에 데려 갈 것을 약속합니다. 그 동안에 당신이 이 방면으로 오시게 되면 잊지 마시고 저희 집에 들러 주시기 바랍니다.

당신 가까이에 있는 우리들의 친구들에게 감사와 안부를 전해 주십시오.

당신의 친절에 다시 한번 더 감사하며,

[주] a great deal of는 a good deal of, a large amount of, considerable 등과 동의어로서 「많은」, 「상당한 양의」의 뜻이다.

[예 2에 대한 답장]

(Heading)

(Inside Address)
Dear Mr. and Mrs. Choi,

　　We cannot adequately express how rejoiced we have been by your kind letter and well-wishing gift for our daughter's approaching marriage. The Korean china tea set is just wonderful and bespeaks your warm hearts. Anne is proudly showing it to her fiancé[1] and friends.

　　We wish[2] you were near enough to us to be able to attend the wedding ceremony. But anyway, we will send you colour-photographs of the occasion.

　　With kindest regards and sincere thanks, in which Anne wishes to join, we are,

　　　　　　　　　　Gratefully yours,[3]

Kenneth and Betty Greenwood.

[해석] 당신의 친절한 편지와 우리 딸의 다가오는 결혼을 위한 호의적인 선물에 대해서 우리들이 얼마나 기뻐하고 있는지를 적절히 표현할 수가 없습니다. 한국산 도자기 찻잔 세트는 정말 훌륭하며 귀부처(貴父妻)의 따뜻한 마음의 증표입니다. 앤은 그것을 그녀의 약혼자와 친구들에게 자랑스럽게 보여 주고 있습니다.

귀부처께서 우리와 가깝게 있어서 결혼식에 참가할 수 있었으면 하는 것이 우리의 바람입니다만, 아무튼 그날의 사진을 보내 드리겠습니다.

우리는 앤과 함께 심심한 경의와 성실한 감사를 전하는 바입니다.

[주] ① fiancé는 결혼의 당사자 중에서 남성을 일컫는 말이고, fiancée는 여성을 일컫는 말이다.
② I wish I(you) were~는 불가능한 일에 대한 희망을 나타내는 말이다.
③ Gratefully yours,의 경구는 감사장이나 답례장에서만 사용하는 문구이다.

[응용 예문]
◇ Many thanks for your warm wishes for our marriage.
(우리들의 결혼에 대한 따뜻한 축복에 대단히 감사합니다.)
◇ This is to tender our deep gratitude for your well-wishing on our marriage.
(우리들의 결혼에 대한 당신의 호의에 심심한 감사를 드립니다.)
◇ I hasten to thank you deeply for your gorgeous gift presented at our wedding.
(우리들의 결혼식에 보내 주신 훌륭한 선물에 대해 우선 깊히 감사드립니다.)
◇ I cannot find suitable words to express my heart-felt appreciation for your kindly heart shown by your congratulations and memorable present on our matrimony.

(우리들의 결혼에 보내 주신 축하와 기념품에 의해 표시된 당신의 친절한 마음에 대해 제가 느끼는 감사의 뜻을 표현할 적절한 말을 찾을 수가 없습니다.)   ※ 위의 문장에서 kindly는 형용사로 사용된 것이다.

◇ My wife and I have simply been fascinated by the exquisite china ware you gifted for our wedding.
(저의 아내와 저는 우리들의 결혼식에 당신이 선사해 주신 정교한 자기에 다만 매료되어 있을 따름입니다.)

## 7. 출산 축하

(Heading)

(Inside Address)
Dear Mr. James :

    I have heard① from Mrs. Reynolds that your first son has been born② to your wife and both the mother and baby are doing well. Congratulations! You must be rapturous, I imagine, in having become a proud father.

    I am intending to visit the hospital one of these days to praise the new mother and meet your heir. In the meantime③ please convey my best respects④ to her.

With kindest regards,
Chang-hee Park

[해석]  당신의 첫아들이 태어났으며 산모와 아기가 모두 건강하다는 소식을 레이놀즈 부인으로부터 들었습니다. 축하합니다. 자랑스러운 아버지가 되어 무척 기쁠 줄 압니다.
가까운 날에 병원을 방문하여 새로운 어머니를 찬양하고 당신의 아들을

만날 계획입니다. 그 전에 당신의 부인에게 안부를 전해 주시기 바랍니다.

[주] ① 「그녀로부터 소식을 전해 들었다」는 I have heard(learnt) from her, I am informed by her, 또는 She has informed me 중에서 어느 것으로 옮겨도 좋다.
② 「남자아이가 태어났다」는 A boy has been born인데, 「당신 집안의 득남」은 The arrival of a boy in your family로 표현한다. 「당신의 부인이 아들을 낳았다.」는 A son has been born to your wife. 또는 Your wife has given birth to your son으로 옮긴다.
③ in the meantime은 「그 동안에」의 뜻이나, 「우선」 또는 「당분간」 등의 가벼운 뜻으로도 사용된다.
④ respects와 regards는 같은 뜻이지만 respects는 보다 공손한 표현이고 regards는 일반적으로 많이 사용되는 표현이다.

[응용 예문]
◇ Bravo for the advent of your heir!
◇ Hooray(Hurrah, Hurray) for the birth of your son!
◇ I cannot offer you greater congratulations than on the arrival of a lovely girl longed-for by you and Mrs. Harvey.
◇ In token of my hearty congratulations on the arrival of your daughter, please accept the accompanying trifle.
◇ With my sincere greetings on the birth of your beloved daughter.

## 8. 출산 축하에 대한 답장

(Heading)

(Inside Address)
Dear Mrs. Park :

I deeply appreciate your kind thoughts which prompted you to offer me such warm greetings on the birth of my first child. Yes, I feel that my wife and I are one of the happiest couples in the world at the moment. I am already full of dreams for the future of my son.

My wife and baby will be coming home in about a week, I understand. I guess the arrival of the little stranger will change the phase of our home.

My wife has asked me to pass you her best regards and gratitude.

Yours sincerely,

H. James

[해석] 저의 첫아이의 출생에 대해 즉시 온정의 인사말을 전해 주신 친절에 대해 깊은 감사를 드립니다. 저와 저의 아내는 지금 세상에서 가장 행복한 부부인 것으로 느끼고 있습니다. 저는 벌써 아들의 장래에 관한 온갖 꿈을 갖고 있습니다.

저의 아내와 아기는 일주일 안으로 집으로 돌아올 것으로 알고 있습니다. 아마도 아기의 탄생으로 저희 가정의 형세가 바뀌게 될 것 같습니다.

저의 아내로부터의 안부와 감사를 전해 드립니다.

[응용 예문]

◇ I am deeply grateful for your cordial congratulations on the birth of my son.
(저의 아들의 출생을 진심으로 축하해 주신 데 대해 깊이 감사드립니다.)
◇ I hasten to tender my sincere gratitude for your kind greetings on the happy addition to my family.
(저희 가족의 행복한 증원에 대한 당신의 인사에 우선 마음으로부터의 감사를 드립니다.)

◇ It is with my utmost gratification that I have received your very thoughtful present for my new baby. Please accept my sincerest thanks.
(저의 새로운 아기를 위한 당신의 인정 있는 선물을 받고 매우 기뻤습니다. 마음으로부터의 감사를 받아 주십시오.)

## 9. 입학을 축하하는 편지

(Heading)

(Inside Address)
Dear Mr. Ford:
　　I have just learned from Mr. Riley that your son Patrick passed the entrance examination of the School of Business Administration of the U.C.L.A. with an excellent record, and I hasten to tender a word of congratulation on his splendid attainment.
　　Please give my best regards to Mrs. Ford and Patrick.
　　　　　　　　　　　　　　　　Yours sincerely,
　　　　　　　　　　　　　　　　Yeong-seop Kim

[해석]　당신의 아들 패트릭이 캘리포니아 대학의 경영학과 입학 시험에 우수한 성적으로 합격했다는 소식을 릴리씨로부터 전해 들었습니다. 그의 빛나는 성과에 대해 우선 축하의 말을 드립니다.
　　부인과 패트릭에게 안부를 전해 주십시오.

## 10. 입학 축하에 대한 답장

> (Date)
>
> Dear Mr. Kim:
>
> ①Permit me to thank you most sincerely for your kind letter praising the deed of my son. His sucess in the exam is ②attributed not only to the efforts he made but also to the recommendation you gave him to apply for entrance to the Faculty.
>
> We shall be very glad if you will continue your kind bestowal of advices upon my son.
>
> With kindest regards in which Alice and Patrick join, I remain,
>
> Yours sincerely,
>
> Daniel Ford

[해석] 내 아들의 업적을 치하하는 귀하의 친절한 편지에 심심한 감사를 드립니다. 그의 합격은 그의 노력뿐만 아니라 귀하께서 그 학부에 지원토록 추천해 주신 덕분이라고 생각됩니다. 앞으로도 저의 아들을 위한 조언을 계속 주신다면 좋겠습니다. 아내 앨리스와 아들 패트릭도 함께 안부를 전합니다.

[주] ① Permit me to thank you는 allow me~로 표현해도 좋다. 단순히 I thank you로 쓰는 것보다는 정중한 표현이다.
② 「~의 탓이다」 또는 「~ 덕분이다」는 be attributed to로 옮긴다. 여기서는 A is attributed to B (A는 B의 덕분이다)의 형식으로 되어 있다.

## 11. 졸업과 취직을 축하하는 편지

> (Heading)
>
> (Inside Address)

Dear Mr. Webster,

I am delighted to learn from a friend of mine[①] in New York that your eldest son graduated[②] from the notable M.I.T.[③] with honors and has entered[④] the Consolidated Aircraft Corporation. I can imagine how satisfied you and Mrs. Webster are at this glorious epoch of his career, on which I wish to offer you my uppermost congratulations.

When you once brought your son to my home, he was only a rosy-cheeked youngster. Now he is an engineer. What will he have achieved[⑤] at his next epoch? He is doubtlessly a pride and hope of your family.

With kindest regard to you all, I am,

Yours sincerely,
Min-ho Lee

[해석] 당신의 장남이 유명한 M.I.T. 공대를 우등으로 졸업하고 C.A.C. 항공기 회사에 입사했다는 소식을 뉴욕에 있는 한 친구로부터 알게 되어 기쁩니다. 그의 생애에 있어서 이 영광스러운 시기를 맞이하여 당신과 부인께서 얼마나 만족스러워 하실지를 상상할 수 있습니다. 저도 최고의 축하를 드립니다.

예전에 당신이 당신의 아들을 저의 집으로 데려왔을 때만해도 그는 홍안의 소년이었습니다만 이제는 기술자가 되었군요. 그가 다음 시기에는 또 어떤 위업을 달성하게 될런지요? 그는 의심할 여지없는 귀댁의 자랑이며 희망임에 틀림이 없습니다.

안부를 전하며,

[주] ① a friend of mine은 one of my friends와 같은 뜻이다. my friend도 한 사람의 친구를 뜻한다.

② 「졸업하다」는 영국에서는 graduate at로 쓰고, 미국에서는 graduate

from으로 쓰는데 be graduated from(또는 at)의 피동형으로도 많이 쓰인다. 「수료하다」의 뜻으로는 to finish the course of 또는 to complete the course of를 쓴다.
③ M.I.T.는 Massachusetts Institute of Technology의 initials로서 미국의 유명한 공과대학이다.
④ to enter는 「입사하다」, 「입학하다」, 「취직하다」 등의 뜻으로 쓰인다. 목적이 추상명사일 경우에는 into가 붙는다.
  [예] enter into a contract(계약을 체결하다), enter into a conflict(분쟁을 일으키다)
⑤ will have achieved는 미래 완료형이며, attain, accomplish, acquire 등도 achieve와 비슷한 뜻의 낱말들이다.

[응용 예문]
◇ I wish to congratulate you on your daughter's finishing high school and successfully entering the Princeton University.
(영애가 고등학교를 졸업하고 프린스턴 대학에 입학한 것을 축하드립니다.)
◇ Hearty felicitations on your completing the post-graduate course and acquiring the degree of Master of Science.
(대학원을 졸업하고 이학 석사의 학위를 취득한 것을 진심으로 축하합니다.)

## 12. 졸업과 취직의 축하에 대한 답장

(Heading)
(Inside Address)
Dear Mr. Lee,
  I do not know really how[①] to thank you fully for your most

friendly letter of July 2. Truly② it is a source of our satisfaction and tranquility that our son Henry has grown up so far③ and is going to rear himself in the system of a big organization. I hope that he will make himself a man useful to the country as well as to the human being.

Your letter reminds④ us of the jolly time we enjoyed at your home. Henry remembers us of that occasion once in a while.⑤ What a feast it would be if we could have a reunion⑥ of such company⑦ either here or there. Let's look for an opportunity.

With kindest regards to you and Mrs. Lee, in which my wife and Henry join,

                                    Yours sincerely,
                                    G.M.Webster

[해석] 7월 2일자의 우정 어린 당신의 편지에 대해 어떻게 충분히 감사를 드려야 할지를 모르겠습니다. 사실 우리 아들 헨리가 이렇게 성장하여 대기업의 조직 가운데에 서게 되었다는 사실은 우리들에게 만족과 안도의 원천이 되고 있습니다. 나는 그가 나라와 인류에 유익한 사람이 되기를 희망합니다.

당신의 편지는 우리들이 귀댁에서 보냈던 유쾌한 시간을 생각나게 합니다. 헨리는 이따금 우리들에게 그때를 상기시켜 줍니다. 그때와 같은 단란한 모임이 이곳에서든 그곳에서든 다시 이루어진다면 얼마나 즐겁겠습니까! 기회가 오기를 기대하여 봅시다.

저의 아내와 헨리와 함께 당신과 당신의 아내에게 안부를 전합니다.

[주] ① how to~는 「~하는 방법」을 뜻하는데 이 앞에 the method, the way, the word 등이 붙기도 한다.

② Truly는 「진실로, 사실을 말하자면」의 뜻이나 편지의 끝맺는 말인 Yours truly는 「배상(拜上)」의 뜻이다.

③ so far는 up to now 또는 up to that point 등의 뜻이다. (in) so far as는

「~의 범위 안에서는, ~에 관한 한은」의 뜻이다.

④ It reminds me of~, It recalls~to my mind, I recall~, I recollect~ 등은 같은 뜻의 말이지만 그 용법이 조금씩 다르다.

⑤ once in a while, now and then, at times, occasionally 등은 「가끔, 이따금」의 뜻이고, every once in a while, every now and then, from time to time은 「수시로」의 뜻이며, frequently, repeatedly, again and again, over again, time and again 등은 「자주」의 뜻이다.

⑥ reunion은 「재회」의 뜻인데, 프랑스어형으로는 「친목회」의 뜻이다.

⑦ company는 교제, 사교, 동석 등의 추상적인 뜻으로도 쓰이나, 「교우, 손님, 일행」의 뜻으로도 쓰인다. 「회사」의 뜻으로 쓰이기 시작한 것은 비교적 근래의 일이다.

## 13. 영전 축하

July 15, 1991

(Inside Address)
Dear Mr. Davis:

    I have found in today's paper that you have been appointed[①] U.S. Consul[②] in London, and hasten to present you my hearty congratulations on your promotion.

    Personally, however, I cannot help[③] regretting that you have to leave Korea shortly.[④] You have been such a wonderful scholar of Korean arts and also an active sponsor of our circle. In as much as[⑤] all our fellows have been enjoying your company, they will miss you very much.

    Let me hope that our group will have a chance or two to get together before you depart. In the meantime, with best wishes for

> your good luck and success in your new assignment, I remain,
> 
> > Yours sincerely,
> > 
> > Chang-ho Lee

[해석] 오늘 신문에서 귀하가 런던의 미국 영사로 임명된 것을 알고 우선 영전을 축하드리는 바입니다.

그러나 개인적으로는 귀하가 곧 한국을 떠나게 된다는 데 아쉬움을 느끼지 않을 수 없습니다. 귀하는 한국 미술의 훌륭한 연구가였으며 저희 모임의 적극적인 후원자였습니다. 저희 친구들은 모두 귀하와의 교제를 좋아했으므로 귀하가 한국을 떠나시게 된 것을 섭섭하게 생각할 것입니다.

귀하께서 떠나시기 전에 우리들이 함께 모일 기회를 한두 번 갖게 되기를 희망합니다. 귀하의 새로운 임무에 행운과 성공이 있기를 기원합니다.

[주] ① 「임명되다, 선출되다, 승진되다」를 나타내는 어법은 다음과 같다.
- be appointed(또는 named) Consul=be assigned as(또는 to the post of) Consul
- be elected President=be elected to the office of the President=be elected to the Presidency.
- be promoted(elevated) to the Managership(the post of Manager) (또는 to the rank of Commander).

② Consul-General(총영사), Consul(영사), Vice-Consul(부영사)는 영국식과 미국식 표기가 같으나, 미국식에서는 hyphen을 넣지 않는다. 총영사관은 Consulate-General, 영사관은 Consulate이다.

③ cannot help doing은 「~하지 않을 수 없다, ~하는 것을 피할 수가 없다」의 뜻이며 cannot but do, can but do도 또한 마찬가지 뜻이다.

④ shortly, before long, soon 등은 모두 「곧, 멀지 않아」의 뜻이다.

⑤ in as much as는 as 또는 since와 같은 뜻이지만 as에는 「~할 때」라든가 「~이므로」의 뜻이 있고, since에는 「~이래」의 뜻이 있으므로, 혼동되기 쉬운 경우에는 in as much as 를 사용하는 쪽이 좋다.

[응용 예문]
◇ Allow me to present my hearty felicitations on your elevation to the post of Vice Consul.
   (귀하께서 부영사로 승진하신 데 대해 충심으로 축하를 드립니다.)
◇ Sincere congratulations for your being promoted to the Vice Consulship.
   (귀하께서 부영사로 승진하신 데 대해 충심으로 축하를 드립니다.)

## 14. 영전 축하에 대한 답장

July 18, 1991

(Inside Address)
Dear Mr. Lee:

　Thank you so much for your kind letter. I am now seized by a complex sentiment, i.e.[①] gratification for my promotion and reluctance for leaving Korea. Anyway I must obey Uncle Sam's[②] order and move round as he points as long as I stay on his pay roll.[③]

　I have been extremely fortunate for the past three years to company with you and study Korean arts. I owe[④] almost all of my knowledge and achievements on things Korean to you and your group. I'll never forget your friendship.

　My colleagues are going to have a send-off buffet party for me from 7 to 9 p.m. on Saturday, October 29 at the Reception Room of Koreana Hotel. I shall be very glad if you bring your group with you on that occasion. I look forward to seeing you then.

　In the meantime, I am,

Yours sincerely,
Donald Davis

[해석] 귀하의 친절하신 편지에 감사합니다. 저는 지금 승진의 기쁨과 한국을 떠나기 싫은 마음이 교차되는 복잡한 감정에 사로잡혀 있습니다. 하여튼 저는 미국의 녹봉을 받고 있는 한 그 명령에 복종해야 하고 지시하는 대로 옮겨 다니지 않을 수 없습니다.

지난 3년 동안 귀하와 교제하며 한국 미술을 배운 것은 큰 행운이었습니다. 한국의 물정에 관한 지식과 얻은 것은 거의 모두 귀하와 귀하의 사교 모임 덕분이었습니다. 저는 귀하의 우정을 결코 잊지 못할 것입니다.

저의 동료들이 10월 29일 토요일 오후 7시에서 9시까지 코리아나 호텔 리셉션 룸에서 저를 위해 송별 뷔페 파티를 개최할 예정입니다. 그때 귀하께서 친우들을 모시고 오신다면 매우 즐거울 것입니다. 그 때 만나게 되기를 기대하겠습니다.

[주] ① i.e.는 라틴어 「ID EST」의 initials로써 that is (즉), that is to say (다시 말하자면)의 뜻이다.
② Uncle Sam은 미국 정부를 풍자적으로 일컫는 말이다.
③ pay roll은 급료 지불부, (종업원의) 지불 급료 총액을 뜻한다.
④ I owe my happiness to you는 I am indebted to you for my happiness 로도 표현할 수 있는데, 직역하면 「나는 당신에게 행복을 빚지고 있다」이지만, 이것을 「나의 행복은 당신 덕택이다」로 의역하는 것이 좋다.

[응용 예문]
◇ Many, many thanks for your cordial congratulations on my transfer.
(저의 전임에 대한 귀하의 진심 어린 축하에 대단히 감사드립니다.)
◇ I hate to leave my present post, but I thank you for your felicitations just the same.
(저는 현재 부서를 떠나기가 싫습니다. 그러나 귀하의 축하에는 감사드립니다.)

## 15. 당선 축하

>                                                           (Heading)
> (Inside Address)
> Dear Mr. Robinson:
>     I have the honour[①] to congratulate you on your having been elected Chairman of Foreign Businessmen's Club in Seoul, There can be no better choice, and I trust that under your able leadership the international friendship among the businessmen here will be greatly promoted.
>     If there is anything for which I can be of any service to you, pray[②] do not hesitate to let me know.
>     Wishing you every success in your honorary office,[③] I remain,
>                                        Most sincerely yours,
>                                               Jong-Yeong Kim

[해석] 귀하께서 서울에 있는 외국인 실업가 클럽의 회장으로 선출된 것을 축하하게 되어 영광입니다. 최적임으로 생각되는 귀하의 유능하신 지도력 아래에 이곳 실업인들 사이의 국제적인 친선이 크게 증진될 것으로 믿습니다. 제가 귀하를 도울 수 있는 일이 있다면 아무쪼록 주저하지 마시고 알려 주시기 바랍니다.

귀하의 명예로운 직무가 성공적으로 되길 기원합니다.

[주] ① I have the honour to~는 공용문에서 자주 사용되는 관용구로서 다소 딱딱한 표현이므로 민간인 사이의 편지에서는 사용하지 않는 것이 좋다.
② pray는 please보다 더 강조한 말이다.
③ honorary office는 「명예로운 직무」의 뜻이다. honorary(명예로운)와 honourable(존경할만한)을 혼동하지 않도록 주의하기 바란다.

[응용 예문]

◇ I respectfully tender you hereby my sincere felicitations on your election to the chair of the Faculty Council.
(귀하께서 교수회의 의장에 당선된 것을 충심으로 축하드립니다.)

◇ Let me congratulate you heartily on your having been elected President of the P.T.A.
(당신이 P.T.A.의 회장에 선임된 것을 진심으로 축하합니다)

◇ I hasten to express my wholehearted congratulations, as well as my utmost gratification, on your brilliant victory in the election.
(귀하가 선거에서 찬연한 승리를 거둔 데 대해 저의 기쁜 마음을 전하며 축하를 드립니다.)

## 16. 당선 축하에 대한 답장

(Heading)

(Inside Address)
Dear Mr. Kim:

Accept my sincere thanks for your goodwill letter on my election to the honorary office. As I am on the side of newcomers among the foreign businessmen here, it was somewhat a surprise for me to be chosen. Anyway I feel greatly honoured by the election and intend to do my best toward closer friendship and better understanding among the foreign nationals in Seoul and between them and the host citizens of Seoul.

As I sense[①] myself still being a novice as to the Korean customs and conventions, I should like to avail myself[②] from time to time of[②] your kind offer to assist me.

>                               Yours sincerely,
>                               Albert Robinson

[해석] 저의 명예직 당선에 관한 귀하의 호의적인 편지에 대해 진심으로 감사를 드립니다. 저는 이곳의 외국인 실업인들 중에서 신참에 속하므로 제가 당선된 것은 조금 뜻밖이었습니다. 아무튼 저는 제가 선임된 것을 큰 명예로 생각하며 서울에 있는 외국인 상호간 뿐만 아니라 주인인 서울 시민들과 외국인들 사이의 친밀한 우호와 깊은 이해를 위해 최선을 다할 계획입니다.

저는 제 자신이 아직 한국의 관습과 풍습에 관해 초심자임을 자각하고 있으므로 저를 도와 주시겠다는 귀하의 친절한 제의를 수시로 이용하고 싶습니다.

[주] ① to sense는 「감지하다」의 뜻이고, to realize는 「발견하여 깨닫다」의 뜻이다.

② to avail oneself of~는 「~을 이용하다」의 뜻인데 미국에서는 oneself를 생략하기도 한다. to take advantage of~도 「이용하다」의 뜻으로서 보다 강한 표현인데, 때에 따라서는 「악용하다」의 뜻이 되기도 한다.

### 17. 쾌차(快差) 축하

>                                           (Heading)
> (Inside Address)
> Dear Miss Griffith:
>     Your sister told me in the school[①] this morning that you had gotten completely well and were going to leave hospital this afternoon. So you must already be back home[②] by this hour[③] from the hospitalization[④] over a month. How nice it must be for you to return home and into the parent's arms from the wearisome hospital

bed. Hearty congratulations!

I feel like[5] coming down to see you at once, but I am tied up with[6] the rehearsal for the coming concert, to my regret.[7] As soon as it is over I will come righ up to see you.

Though you are fully recuperated,[8] I think, please do not take too much advantage[9] of it hastily, for[10] a convalescent[11] is apt[12] to be allured by the raptures and often relapses into illness.

Looking forward to the pleasure of seeing you soon, I am,

　　　　　　　　　　　　　　　　Affectionately yours,
　　　　　　　　　　　　　　　　Yeong-hee Kim

[해석] 오늘 아침 학교에서 너의 언니로부터 네가 완쾌되어 오늘 오후에 퇴원하리라는 소식을 들었다. 지금쯤은 틀림없이 1개월이 넘는 입원 생활로부터 집으로 돌아와 있겠지. 지루한 병원의 침대로부터 부모님께서 맞이해 주는 가정으로 돌아온 기분은 틀림없이 즐거울 것이야. 마음으로부터 축하한다.

나는 지금이라도 곧 가서 만나 보고 싶지만 유감스럽게도 다가오는 연주회의 리허설 때문에 발이 묶여 있단다. 그것이 끝나면 곧 가 보도록 하마.

네가 완쾌되었다고는 생각되지만 갑자기 무리한 일은 하지 않기 바란다. 회복기의 환자는 너무 기뻐한 나머지 자칫하면 다시 병이 악화될 수도 있기 때문이야.

곧 만나게 될 기쁨을 기다리며,

[주] 위의 편지는 여교사가 여학생에게 보낸 것이다.

① go to school(등교하다), at school(수업중), after school(방과후), no school(휴교), out of school(과외의) 등과 같이 학교의 본래의 목적에 관계가 있는 행위나 상태를 나타내는 경우에는 관사를 생략하지만, 단순히 장소를 나타낼 경우에는 in the(또는 a) school과 같이 관사를 붙인다. hospital도 마찬가지이다.

② back home, go home, return home 등의 경우, home은 명사가 아니고 부사이므로 전치사가 필요치 않다.
③ this hour는 now보다는 좁고 the moment보다는 범위가 넓은 현재의 시간을 나타낸다.
④ hospitalization(입원, 입원 가료), be hospitalized(입원하다, 입원 가료를 받다)
⑤ feel like ~ing는 「~하고 싶다」의 뜻이다.
⑥ be tied up with는 「얽매이다」의 뜻이다.
⑦ to my regret(유감스럽게도, 애석하게도)는 부사구인데, I regret that~ 또는 I regret to say that~ 등과 같은 뜻이다. 「매우 유감스럽게도」는 much to my regret 또는 to my great regret로 표현한다.
⑧ recuperation(완쾌), recuperate(ⓥⓘ완쾌하다, ⓥⓣ완쾌되다).
⑨ take advantage of는 「이용하다」의 뜻이지만, 여기서는 too much advantage이므로 문장의 전후 관계를 볼 때 「무리하다」의 뜻이 된다.
⑩ for는 because와 같은 뜻이다.
⑪ convalescence(회복기), convalescent(ⓐ 회복기의, ⓝ 회복기의 사람).
⑫ be apt to~=to tend to~는 「~하기 쉽다, ~하는 경향이 있다」의 뜻이다.

**[응용 예문]**

◇ I am extremely delighted to learn of your recuperation and hasten to offer my hearty congratulations.
(당신이 완쾌되었다는 소식을 듣게 되어 매우 기쁩니다. 진심으로 축하합니다.)

◇ I am inspired by your brave fight against the illness and wish to send you hereby my wholehearted felicitations at your recovery.
(당신의 용기있는 투병에 깊은 감명을 받으며 회복을 마음으로부터 축하합니다.)

◇ It is greatly rejoicing for me (I am greatly rejoiced) to hear that you

are now completely recuperated from illness.
(이제 당신이 병에서 완전히 나았다는 소식을 듣게 되어 매우 기쁩니다.)
◇ It is a great relief to know that you have got well enough to leave hospital.
(당신이 퇴원할 정도로 좋아졌다는 소식을 듣게 되어 정말 안심입니다.)

## 18. 쾌차 축하에 대한 답장

                                                    (Heading)
(Inside Address)
Dear Miss Kim:
  I received your heartwarming letter, with thousand thanks, yesterday when I was relaxing and enjoying from the bottom of my heart the first morning at home in a long while. It is very nice of you indeed and I am afraid I do not have adequate words to express my appreciation. I am also grateful for your considerate advice as to my aftercare. I will certainly abide[①] by it and will go slowly.
  To tell the truth,[②] I had never realized before I experienced the boredom of the monotonous life in the hospital, that home was such a nice place. So I made up my mind to be a nicer daughter to my parents from now on.
  I am pleased to hear that you are directing rehearsal for the concert and hope you will make it a big success. I wish[③] I could attend it.
  Looking foward to your telling me about it soon,
                                      Gratefully yours,
                                        M.Griffith

[해석] 선생님의 온정이 넘치는 편지, 매우 감사히 잘 받았습니다. (편지를 받은) 어제 저는 오래간만에 처음으로 저희 집에서 아침을 맞아 마음을 편히 가지며 즐기고 있었습니다. 정말 친절하신 선생님께 어떻게 감사를 드려야 할지 적절한 말을 찾지 못하겠습니다. 병후의 몸조리에 관한 자상하신 충고에 대해서도 감사를 드립니다. 선생님 말씀에 따라 서서히 움직일 작정입니다.

사실 저는 단조로운 병원 생활의 지루함을 경험하기 전까지만 해도 가정이 얼마나 좋은 곳인지를 깨닫지 못했습니다. 그래서 이제부터는 부모님께 보다 더 좋은 딸이 되기로 결심하였습니다.

선생님께서 연주회를 위한 리허설을 지도하신다는 소식을 듣게 되어 기쁩니다. 연주회를 대성공으로 이끌기를 희망합니다. 제가 거기에 참석할 수 있게 되길 바라겠습니다. 곧 연주회 연습에 관한 선생님의 이야기를 듣게 되기를 기대합니다.

[주] ① abide by~ 「준수하다」에서 by를 빼면 「참고 견디다, 감수하며 살다」의 뜻이 된다.

② to tell the truth(사실을 말하자면)은 to be frank(with you). frankly speaking 등과 같은 말이다.

③ I wish I could~는 가정적인 희망을 표현하는 문구로, 현실적인 희망은 I hope I can~, 미래적인 희망은 I hope I shall be able to~로 표현한다.

[응용 예문]

◇ Thank you very much for your warm greetings on my recovery.
(저의 회복에 대한 당신의 따뜻한 인사 말씀, 대단히 감사합니다.)

◇ I cannot thank you adequately for your kindness in visiting me frequently while I was in hospital.
(제가 입원하여 있는 동안에 자주 찾아 주신 데 대해 심심한 감사를 드립니다.)

◇ Thank you very much for your letter of inquiry over my illness.

(저의 병에 대한 당신의 문병 편지, 대단히 감사합니다.)

## 19. 신축 이전 축하

(Heading)

(Inside Address)
Dear Mr. Brown:
    I was very pleased to receive your letter of March 5, announcing[1] that you at last moved[2] into your own new building[3]. I know that the spot commands a fine view.[4] How happy you and your family will be to be able to attend to the new office and enjoy daily life in pleasant surroundings.
    Yesterday I went to an exibition and picked up an Oriental painting[5] which will be delivered to you separately. I wish you would accept it in token of[6] my hearty congratulation.
    With best wishes for your prosperity in which my fellow[7] officers join, I am,

                                    Your sincerely,
                                      Yeong-Soo Kim

[해석] 마침내 여러분들이 새 건물에 입주했다는 소식을 전하는 3월 5일자의 당신의 편지를 받고 매우 기뻤습니다. 저는 그곳의 전망이 좋다는 것을 알고 있습니다. 새 사무실에 출근하게 되고, 쾌적한 환경 속에서 일상 생활을 할 수 있게 된 당신과 직원들이 정말 행복하시겠습니다.
    어제 저는 한 전람회에 들러서 동양화 한 점을 구했는데, 이 편지와는 별도로 당신에게 배달될 것입니다. 저의 마음에서 우러난 축하의 증표로서 받아 주시기 바랍니다.
    저의 동료 직원들과 함께 귀사의 번창을 기원합니다.

[주]  ① announce는 「널리 알리다」의 뜻이고, inform은 「상대방에게 통지하다」의 뜻이며, 「통지장 또는 통지」는 announcement이다.
② move(이전하다)의 명사는 removal이다. remove와 move는 같은 뜻이지만, remove는 「이동하다, 전임하다」 등의 뜻으로 많이 사용되므로 「이전하다」의 뜻으로는 move가 적절하다.
③ your own building을 소유의 개념을 강조하여 표현하면 a building of your own이 된다.
④ to command a good view「전망이 좋다.」
⑤ Oriental painting「동양화」
⑥ in token of는 「증표로서」의 뜻이고, as a token of는 「증표의 물품으로서」의 뜻이다.
⑦ fellow officers는 엄밀한 의미로는 「동료간부직원」이다. 직업상의 동료는 단순히 colleague라고도 한다.

[응용 예문]
◇ I hasten to congratulate you on your moving into your new building.
(새로운 건물로 이전한 것을 우선 축하합니다.)
◇ We wish you a plenty of prosperity and good luck in your new building.
(신사옥에서 귀사가 번창하고 행운이 있기를 기원합니다.)
◇ Hearty greetings on your settling down in your newly built building.
(귀사가 신축한 건물에 정주하게 된 것을 진심으로 축하합니다.)
◇ I hope your new dwelling will bring you and your family loads of fortune and good health.
(당신의 새로운 집이 당신과 당신의 가족에게 큰 행복과 건강을 가져다 줄 것을 희망합니다.)

## 20. 신축 이전 축하에 대한 답장

March 15, 1991

(Inside Address)

Dear Mr. Kim:

Thank you very much for your warm greetings on our settling down in our new building, and for the excellent painting which was delivered this morning.

The painting you have presented is just wonderful, and it fits[①] in my office very nicely. It shall serve as a token of your friendship.

With best regards to you and all members of your office,[②]

Sincerely yours,

B.W.Brown

[해석] 저희가 신축 건물에 정주하게 된 데 대한 귀하의 따뜻한 인사 말씀과 오늘 아침에 배달된 훌륭한 그림에 대해 매우 감사드립니다.

귀하께서 선사해 주신 그림은 정말 훌륭하며 제 사무실에 매우 잘 어울립니다. 그것은 귀하의 우정을 상징하는 증표로서 보존될 것입니다.

귀하와 직원 일동에게 안부를 전합니다.

[주]  ① fits in은「적합하다, 조화를 이루다」등의 뜻이다.

② all members of your office는「귀하의 사무실의 전직원」이라는 표현인데 all members 대신 partners, colleagues, people 등을 써도 같은 뜻을 나타낸다.

# 제2장  소식문
## Letters of Tidings

　소식문은 주로 친한 사람들 사이에 교환되는 것이므로 쓰는 목적이나 내용에 있어서 동양이나 서양에 큰 차이가 없다. 상대방의 흥미나 관심사가 될만한 신변의 소식이나 세간의 일을 꾸밈없이, 그리고 요령있게 쓰는 것이 우정을 돈독히 하는 최상의 방법일 것이다.

### 1. 근황을 알리는 편지 (1)

July 12, 1991

Dear Ted :

　I think I owe you many letters against yours.① Don't take it that I am getting cool on you, but I have been quite busy lately. I have been in a habit② of going to Taejŏn, twice a week since May, as I am supervising a construction work now under way③ in Taejŏn which my company designed. Though this trip④ keeps me busy, I really enjoy it, since it's only two hours' express train ride and it's about the only leisure time I have to myself these days. The construction is supposed to be finished off about the middle of next month. By then I shall be comparatively free again to keep in closer touch with⑤ you as before.

Yours sincerely,<br>
Hee-Tae Park

[해석] 나는 자네의 많은 편지에 답장을 하지 못하여 빚을 진 것 같네. 자네에 대해 냉담해지고 있다고는 생각하지 말게. 다만 근래에 무척 바빴기 때문일세. 우리 회사에서 설계하여 대전에서 건설중인 공사를 내가 감독하고 있기 때문에 나는 지난 5월부터 매주마다 두 번 대전으로 출장을 가고 있다네. 이 여행이 나를 바쁘게 만들고 있지만 실제로 나는 그걸 즐기고 있다네. 불과 2시간 동안의 특급열차를 타는 여행이고, 또 요즈음 내가 가질 수 있는 유일한 자유시간이기도 하기 때문일세. 건설 공사는 다음달 중순경에 끝날 것 같은데 그때쯤이면 다시 비교적 한가롭게 되어 전처럼 자주 자네에게 편지를 할 수 있을 것이네.

[주] ① against yours는 「자네의 편지에 대해서」의 뜻이다.

② in a habit of ~ing는 「~하는 습관이 붙어 있다」의 뜻인데, 여기에서는 「늘 ~하고 있다」로 번역하는 것이 자연스럽다. habit는 개인적인 관습, custom은 사회적인 관습을 나타낸다.

③ under way는 「배가 항해중인」의 뜻이나, 여기서는 「진행중인」의 뜻이다.

④ trip은 일반적인 「여행」, Journey는 여행의 과정에 비중을 둔 「여정」, tour는 여러 장소를 경유하여 출발지로 다시 돌아오는 「순유(巡遊)」 또는 「관광·여행」, travel은 「방황」이란 뜻의 추상명사적인 뉘앙스가 있다.

⑤ keep in touch with는 「연락을 지속하다」, 「시세에 뒤떨어지지 않다」의 뜻. 「연락이 끊어지다」는 lose touch with로 표현한다.

## 2. 근황을 알리는 편지 (2)

(Heading)

(Inside Address)
Dear Mr. Dick:

    I have come back to Seoul yesterday from Cheju Island, where I spent my one-week summer vacation with my precious[①] friend. Cheju Island is the most famous summer resort in Korea and is called[②] a Hawaii in the Orient. It took just two hours' fly to get there from Seoul. As it was the first time for both of us, one week was not long enough to enjoy every sites of Cheju Island. But anyway my friend and I had a very good time there to go sightseeing in the morning when sun is not too hot, and to go swimming in the ocean in the afternoon. I hope I can have an opportunity to guide you there if you visit to Korea next summer.

Yours truly,<br>Jong-su Lee

[해석] 나는 어제 나의 소중한 친구와 함께 일주일 동안의 여름 휴가를 보냈던 제주도로부터 서울로 돌아왔습니다. 제주도는 한국에서 가장 유명한 여름 휴양지로서 동양의 하와이로 일컬어지기도 합니다. 서울에서 그곳까지 가는 데는 항공편으로 꼭 1시간이 걸렸습니다. 우리 두 사람은 모두 그곳에 처음이었으므로 제주도를 다 둘러 보기에는 일주일이 충분하지 못했습니다. 그러나 아무튼 나의 친구와 나는 그곳에서 태양이 너무 뜨겁지 않은 아침이면 관광을 하고 오후에는 해수욕을 하며 매우 즐거운 시간을 보냈습니다. 다음 여름에 당신이 한국을 방문하면 내가 당신을 그곳에 안내할 기회가 있기를 희망합니다.

[주] ①「나의 소중한 한 친구」는 a precious friend of mine으로 옮겨도 좋다.

② be called는「~로 일컬어지다」의 뜻인데 be referred to as로 옮겨도 같은 뜻이 된다.

## 3. 해외 출장에서 귀국하여

> (Heading)
>
> (Inside Address)
> Dear Mr. Smith:
>
>     I have just returned to Seoul from my most interesting and profitable visit to the United States. Many thanks for the warm hospitality and kind assistance you and your colleagues extended to me during my stay there.
>
>     Particularly I am grateful① to you for honoring me with an excellent② luncheon. It was indeed delightful, and the discussions we had together were of great interest to me. Your comments on our expected joint venture impressed me most of all. Now that the relationships between our two institutions are getting closer quickly, I hope there will be more opportunities for us to meet each other.
>
>     Soon after consulting with my boss③ about the subject we discussed, I will advise you of the result.
>
>     With my kind regards and best wishes,
>
>                                    Yours sincerely,
>                                    Jin-woo Park

[해석] 저는 아주 흥미있고 유익한 미국 방문을 마치고 막 서울로 귀국했습니다. 저의 방문 기간 동안에 당신과 당신의 동료들이 저에게 베풀어 주신 친절과 협조에 대해 심심한 감사를 드립니다.

    특히 당신이 베풀어 주신 훌륭한 오찬에 대해 감사히 생각합니다. 참으로 즐거웠습니다. 그리고 당신과 함께 나눈 협의는 저의 큰 관심사였습니다. 무엇보다도 폐사가 계획하는 합작 투자에 관한 당신의 언급은 퍽 인상 깊었습니다. 이제 우리 두 회사의 관계가 급속히 긴밀하게 되고 있으므로 앞으로 서로 만날 기회가 많아지기를 희망합니다.

우리가 협의한 문제에 관해 저희 사장과 상의한 후에 곧 결과를 통지해 드리겠습니다.

[주] ① be grateful to you for～는 thank you very much for～, Many thanks for～, be much obliged to you for～ 등과 같이 「～에 대해 당신에게 감사한다」는 표현이다. for 다음에는 반드시 명사나 동명사가 온다.
② excellent는 「very good」의 뜻이지만 평하는 사람의 입장에서 칭찬의 뜻을 나타내는 말이므로 "The thing you gave me was excellent"라고는 할 수 있으나, "Give me a excellent thing"이라고는 말하지 않는다. 이 경우에는 good을 사용한다.
③ boss는 「우두머리」를 뜻하는데, 여기서는 회사의 사장을 뜻한다. invitation과 같은 공식적인 문서에서는 사용을 피하고 President로 써야 한다.

### 4. 여행중에 보내는 엽서

Grand Canyon,[①] May 20/'91

Dear Park:
　　Having left Los[②] yesterday morning and crossing the cactus-towering[③] desert, our bus arrived here this afternoon. Magnificient views, undescribable. Stopping overnight. Will go over Colorado Mountains[④] tomorrow. Feeling fine.

Yours as ever,
Clayton

[해석] 어제 아침에 로스앤젤레스를 떠나서 선인장이 높이 서 있는 사막을 횡단하여 오늘 아침에 우리들의 버스는 이곳에 도착했습니다. 장대한 경치를 말로 표현할 수가 없군요. 오늘 밤은 이곳에서 지내고, 내일은 콜로라도 산맥을 넘어 갈 예정입니다. 기분이 좋습니다.

[주]  엽서의 문장은 위의 예문과 같이 간략하게 써야 한다.
 ① Grand Canyon은 미국의 아리조나 주 북부에 있는 대협곡이다.
 ② Los는 Los Angeles의 약어이다.
 ③ cactus는 선인장인데 아리조나 사막에 있는 것들 중에는 높이가 수 미터나 되는 거대한 것들도 있다.
 ④ mountains는 range of mountains와 같이 「산맥」을 뜻한다.

# 제3장  해외로부터의 소식문
## Letters of Tidings from Overseas

말과 글에서 사람의 개성과 인품이 나타나는 것은 동양이든 서양이든 마찬가지이다. 보다 세련되고 품위 있는 영작문을 위해서는 되도록이면 많은 사람들의 영문을 많이 읽어서 훌륭한 표현법, 자신의 개성에 맞는 표현법을 익히는 것이 좋은 방법일 것이다. 다음은 실제로 해외로부터 받은 편지들을 예로 든 것인데, 여기서 주의할 점은 일반적인 교양을 갖춘 사람이 반드시 모범적인 편지를 쓰는 것은 아니라는 사실이다. 특히 친한 친구 사이의 사적인 편지에서는 흔히 격식을 갖추지 않은 문체로 마음 편하게 쓰는 일이 많고, 또 그렇게 써도 서로가 부담 없이 느끼기도 하지만 편지의 당사자가 아닌 다른 사람이 모범문으로 보기에는 적당하지 않다고 느낄 수 있는 것도 있다. 그러므로 독자는 당사자의 입장에서 장소나 경우에 따라서 판단하여 읽어야 할 것이다.

## 1. 미국의 친구로부터 보내 온 편지(1)

　　　　　　　　　　　　　　　　　　　　　　　　(Heading)

(Inside Address)
Dear Mr. Kim,
　　Here are some kodak pictures to let you see how we look now. Some of them are not as good as they might[1] be.

We are having Spring weather now and Dallas is looking so pretty. The pear, plum, and peach trees have been blooming$^{②}$, and the redbud trees are also beautiful all over the city.

All of us are well and busy. We hope that you and your family are well.

Sincerely,
Hee-Jin Chang

[해석]  우리들의 현재 모습을 보여 줄 코닥 사진 몇 장을 동봉합니다. 그 중에는 잘 나오지 않은 것도 있습니다.

지금 이곳의 기후는 봄이며, 달라스는 퍽 아름답게 보이고 있습니다. 배나무와 자두나무, 그리고 복숭아나무의 꽃이 피고 있으며, 빨간 싹의 나무들이 온 도시를 아름답게 만들고 있습니다.

우리들은 모두 건강하며 분주합니다. 당신과 당신의 가족도 안녕하시기 바랍니다.

[주]  ① not as good as they might be 「있을 수 있는 만큼 좋지는 않다」 또는 「최상으로 좋은 것은 아니다」의 뜻이다.

② bloom=blossom에는 물질명사인 「꽃」의 뜻, 집합명사인 「한 나무의 모든 꽃」, 추상명사인 「개화」, 자동사인 「꽃이 피다」, 타동사인 「꽃을 피우다」 등의 뜻이 있다.

## 2. 미국의 친구로부터 온 편지(2)

May 20, 1991

Dear Mr. Lee:

It is my pleasure$^{①}$ to inform you that I shall be visiting Seoul next month. As I take this trip on business, one of my clients in

Seoul has made reservations[2] for me at the Plaza Hotel. I am going to stay there for ten days or more.

　　I am indeed looking forward to seeing you and your family during my stay there. Upon arrival in[3] Seoul, I will contact[4] you to arrange a convenient time for our meeting.

　　With my best regards in the meantime,

Yours sincerely,<br>Lewis F.Russell

[해석] 다음달에 제가 서울을 방문하게 되었음을 기꺼이 알려 드립니다. 저의 이번 여행은 업무상의 여행이므로 서울에 있는 저의 한 거래처에서 저를 위해 플라자 호텔에 예약해 두었습니다. 저는 그곳에서 10여일 정도 머물 예정입니다.

　　저는 서울에 있는 동안에 당신과 당신의 가족을 만나기를 기대합니다. 서울에 도착하는 즉시 전화로 연락하여 우리가 만날 편한 시간을 정하도록 하겠습니다.

　　만날 때까지 안녕히 계십시오.

[주]　① It is my pleasure to inform you~는 I am pleased to inform you~와 같은 표현으로서 「~을 알리게 되어 기쁘다」는 뜻이다. 보다 격식을 차린 표현으로는 I have pleasure in informing you~와 I have pleasure to inform you~가 있는데 후자의 것은 잘 쓰이지 않는다. 이 밖에도 사무적이고 좀 딱딱한 표현인 This is to advise you~도 있다.

② make reservations「예약하다」

③ upon arrival in~「~에 도착하자마자」는 upon 대신 on을 쓸 수도 있고, arrival대신 동명사인 arriving을 쓸 수도 있다. arrival의 앞에는 my 또는 our와 같은 소유형용사를 넣을 수도 있다.

④ contact you=be in touch with you는 전화나 서신 또는 인편으로「접촉(연락)하다」의 뜻.

## 3. 영국의 친구로부터 보내 온 편지(1)

Dear Mr. Lee:

Let me thank you first for the splendid family photograph safely received and not damaged in any way. It has arrived in time① to go into the photo album I received from Miss Ingrid Browns last Christmas. Ingrid Browns is my best girl friend, and I am going to marry② her soon. She is a bachelor of laws and is greatly concerned about democratization and current③ political situation of Korea.

I hope everything here and there will go well so that Ingrid and I may visit to your country next year to see the Olympic Games with you.

With my best regards, I am,

Yours sincerely,
Duncan Livesey

[해석] 우선 멋진 당신의 가족 사진을 보내 주신 데 대해 감사합니다. 조금도 손상되지 않은 상태로 잘 받았습니다. 그것은 제가 작년 크리스마스에 잉그리드 브라운스 양으로부터 받은 사진 앨범에 넣기에 알맞은 때에 도착했습니다. 잉그리드 브라운스는 저의 여자 친구이며, 저는 그녀와 곧 결혼하려고 합니다. 그녀는 법학사로서 한국의 민주화와 최근의 정세에 관해 큰 관심을 가지고 있습니다.

저는 이곳과 그곳의 모든 일이 잘 풀려서 내년에 잉그리드와 제가 당신의 나라를 방문하여 당신과 함께 올림픽을 볼 수 있기를 희망합니다.

[주] ① in time은 보통 「시간 안에」의 뜻인데 여기서는 「알맞은 때에」의 뜻으로 사용되었다.

② 결혼하다(marry someone)는 get(be) married로 표현할 수도 있다. 이때는 Ingrid and I shall be married로 표현한다.
③ current는 「현재 진행중인」의 뜻이다. present도 「현재의」의 뜻이지만 「현재 이 장소에 있는」의 뜻이 강하다.

## 4. 영국의 친구로부터 온 편지(2)

My dear Kim,

Thank you very much for your thoughtful letter of remembrance and warm congratulation on my birthday. The guide book "Korea" you sent me was a pleasant surprise.① The book tells me that Korea has indeed accomplished a miracle in economic development. Considering② the capability and will to construct of your nation, it is no wonder that you will have a much better future.③

With my kindest regards,

Yours sincerely,

J.Thomas

[해석] 저의 생일을 기억해 주시고 친절한 축하의 편지를 보내 주신 데 대해 감사합니다. 당신이 보내 주신 책자 "한국"을 받은 것은 뜻밖의 기쁨이었습니다. 그 책은 경제 개발에 있어서 한국이 실로 기적을 이룩한 것을 보여 줍니다. 한국민의 건설 의지와 역량을 생각컨대 훨씬 더 나은 미래가 있을 것이라는 데 의심할 여지가 없습니다.

[주] ① The book you sent me was a pleasant surprise는 「뜻밖에 책을 받게 되어 매우 기쁘다」를 함축한 표현이다. 서두에서 쓸 경우에는 I was very much delighted to receive the book yesterday, which you sent me. 라고 표현할 수 있으나 앞의 표현에 비해 좀 장황하다.

② Considering은 「~을 고려해 보면」의 뜻인데, When I consider~라고

표현해도 같은 뜻이다.
③ You will have a better future는 There will be a better future for you 로도 표현할 수 있다.

## 5. 미국의 친구로부터 온 엽서(1)

Feburuary 10, 1991

Dear Mr. Kim,

    I have enjoyed hearing from you. Our winter has been a mild one but snow is predicted for tomorrow. A good news for me as I am planning to try a cross country skiing.

    Always your friend,

Lewis Russell

[해석] 당신으로부터 소식을 듣고 즐거웠습니다. 이곳의 겨울은 온화한 날씨였습니다만 내일은 눈이 올 것으로 예상됩니다. 횡단 스키 여행을 시도할 계획인 나에게는 반가운 소식입니다.

    당신의 변함 없는 친구로부터,

## 6. 미국의 친구로부터 온 엽서(2)

Feb. 15, 1991

Dear Mr. Park,

    It is sunny as springtime weather today, but the blue-bonnets you see on this card won't be blooming until May. Everyone here is busy and well.

> Always,[①]
> 
> Gertrude Durning

[해석] 오늘은 봄날처럼 햇볕이 따사롭습니다만 이 엽서에서 볼 수 있는 텍사스의 꽃은 5월이 되어야 핍니다. 이곳은 모두들 바쁘며 잘 지내고 있습니다.

[주]　① Always는 Yours always의 줄임말로서 「당신을 위해 변함 없는」의 뜻이다.

## 제4장 통지장
### Advices and Announcements

**1. 출산 통지**

> December 6, 1990
>
> Dear Mr. Thomson,
>
>     I take[①] pleasure in informing you that my wife was delivered[②] of a boy yesterday at the St. Paul Catholic Hospital and that both the mother and baby are doing well.
>
>     They are expected to come home in about a week.
>
> Yours sincerely,<br>Chang-hee Kim

[해석]  어제 저의 아내가 성 파울 가톨릭 병원에서 남자 아이를 분만했으며 모자가 모두 건강하다는 것을 알리게 되어 기쁩니다.

    그들은 약 일주일 후에 집으로 돌아올 예정입니다.

[주]  ① take pleasure in ~ing=have (the) pleasure of ~ing=be pleased to ~ (~하게 되어 기쁘다.)

    ② 출산에 관한 용어에는 그 밖에도 easy delivery(순산), difficult delivery (난산), premature birth(조산), abortion 또는 miscarriage(유산) 등이 있다.

## 2. 출산 통지 카드(인쇄문)

> Mr. and Mrs. Paul S. Scott
> have the pleasure of announcing
> the birth of their son
> on the twenty-third of February
> One thousand nine hundred and ninety.

[해석] Paul S. Scott 부부는 1990년 2월 23일에 그들의 아들이 태어났음을 기쁘게 알려드립니다.

[주] 이 문체는 자신을 제3인칭으로 표현하는 고풍스런 것으로서 지금은 거의 쓰이지 않는다.

## 3. 쾌복 통지

> April 20, 1991
>
> Dear Mr. Fred:
>
>     I am glad to inform you that since coming home from the hospital about a fortnight① ago, I have been getting better day by day, with my weight gradually gaining② and appetite pleasingly③ increasing. Every morning I take a slow but steady④ stroll⑤ for about two hours. After the lunch I take a nap for about an hour. The rest of the afternoon is spent in light reading or lounging⑥, sometimes painting. I have a notion⑦ to go to Mt. Sockri or elsewhere for a while when it gets warmer, to give a finishing⑧ pepping-up to my health.

Although my illness has cost⁽⁹⁾ me a year of my life, I am not repenting⁽¹⁰⁾ it, for it has given me opportunities of meditation which has opened my eyes to the real value of life. If I live thirty or forty years more, I think I can make up⁽¹¹⁾ the loss of a year by innovating the walk⁽¹²⁾ of my remaining life.

I take this opportunity to⁽¹³⁾ thank you heartily for your fraternal affection⁽¹⁴⁾ and sympathy shown to me during my confinement.⁽¹⁵⁾ It was the mainstay for my hope and encouragement for a new life.

Please drop in at any time convenient for you.

Yours sincerely,
Min-ho Choi

[해석] 약 2주일 전에 병원으로부터 집으로 돌아온 이래 저는 날마다 건강이 좋아져 체중이 점차로 늘고, 식욕도 만족스럽게 늘고 있음을 알려드리게 되어 기쁩니다. 저는 매일 아침 약 두 시간 정도 산보를 하고 있습니다. 점심 식사 후에는 한 시간 가량 낮잠을 취하고 있으며, 나머지 오후 시간은 가벼운 독서나 휴식을 취하고 어떤 때는 그림을 그리기도 하며 시간을 보내고 있습니다. 날씨가 더 따뜻해 지면 원기를 북돋워서 건강을 완전히 되찾기 위해 속리산이나 다른 곳으로 가 볼 생각입니다. 저는 비록 병으로 인해서 제 인생의 1년간을 허비했지만 그 기간은 삶의 참다운 가치에 대해 눈뜰 수 있는 명상의 기회를 저에게 제공해 주었으므로 아깝게 생각하지는 않습니다. 제가 만약 앞으로 30년이나 40년을 더 산다면 여생의 생활 방식을 혁신함으로써 1년간의 손실을 만회할 수 있을 것으로 생각합니다.

저는 이 기회를 통해서 저의 와병중에 귀하께서 보여준 우정과 동정에, 마음으로부터 감사를 드립니다. 그것은 새로운 삶을 위한 저의 희망과 위안의 지주였습니다.

어느 때이든 편한 시간에 들러 주시기 바랍니다.

[주] ① fortnight 「2주간」은 영국에서 많이 사용되었던 고어이다. 「1주간」을 뜻하는 sennight는 거의 사용되지 않는다.

② gain은 자동사「(무게, 힘 따위가) 늘다」로도 사용되고, 타동사「취득하다」로도 사용된다.
③ pleasingly「만족하게」는 pleasantly「즐겁게」와 그 뜻이 조금 다르다.
④ slow but steady「느리지만 착실한」은 행동이나 성격을 표현할 때 흔히 사용되는 관용구이다.
⑤ stroll 대신에 walk를 써도 같은 뜻이다.
⑥ lounge=loaf는「빈둥 빈둥 시간을 보내다」의 뜻으로, 명사의 lounge는「휴게실」또는「사교실」의 뜻이다.
⑦ notion는「개념, 관념, 의견」의 뜻이고, to have a notion은「의향을 가지고 있다」의 뜻이다. 복수의 notions는 미국에서「잡화류」의 뜻으로 쓰인다.
⑧ finishing은「최후의, 마무리의」의 뜻이고, to pep up은「원기를 북돋우다」의 구어이다.
⑨ cost는 명사로는「원가, 대가, 비용」의 뜻이고, 동사로는「비용이 들다, 희생을 치르다」의 뜻이다.
⑩ repent「후회하다, 뉘우치다」, regret「애석하게 여기다, 유감으로 생각하다」, remorse「자책, 회한」, reluctance「싫음, 꺼림」.
⑪ make up은 동사일 경우에는「수선하다, 메꾸다, 벌충하다, 만회하다」등의 뜻이고, 명사일 경우에는「조립, 분장」등의 뜻이다.
⑫ walk of life「인생가도, 직업」
⑬ I take this opportunity to~「이 기회를 이용해서 ~하다」.
⑭ fraternal(brotherly) affection은 실제의「형제애」를 뜻하나 여기서는「형제와 같은 애정」의 뜻이다.
⑮ confinement「병이나 그 밖의 외인에 의한 유폐, 감금」.

[응용 예문]

◇ It is a great pleasure for me to inform you that I am steadily recovering from day to day.
(제가 날마다 꾸준히 회복되고 있음을 알리게 되어 매우 기쁩니다.)

◇ The doctor has allowed me to take a pen, and I am delighted to write you this first letter since I fell ill.
(의사가 저에게 펜을 들도록 허락하여 병을 얻은 이래 처음으로 당신에게 편지를 쓸 수 있게 되어 기쁩니다.)

## 4. 이사 통지

(Heading)

(Inside Address)
Dear Mr. and Mrs. Kim :

　　You may be surprised to find our new address already written above, but this is the place we are going to move① to on the 15th of this month.

　　Our new house is of old style and not very large one either② —barely③ large enough to house④ our family. Good side of it, however, is that it has a fair-sized garden and back yard, spacious enough for our kids to play round and for my wife to raise⑤ some flowers. The landlord⑥ lives nextdoor⑦ and he is a fine gentleman.

　　We will invite you to visit us after we are settled down.

　　My wife asks me to give you her regards, too.

　　　　　　　　　　　　　　　　　　　　Yours sincerely,
　　　　　　　　　　　　　　　　　　　　Henry G. Frick

[해석] 위에 적은 저희의 새 주소를 보고 놀라셨을지 모르지만 이 주소는 저희가 이달 15일에 이사할 곳입니다.
　　저희의 새집은 구식이며 과히 넓지도 않고 저희 가족이 간신히 입주하여 살만한 집입니다. 그러나 좋은 점은 아담한 정원과 뒷뜰이 있어서 아이들이 놀 수 있고 저의 처가 꽃을 가꿀 수 있는 공간이 있다는 것입

니다. 집주인은 옆집에 사는데 좋은 사람입니다.
입주하여 정돈이 되면 당신을 초대할 생각입니다.
저의 아내가 안부를 전합니다.

[주] 이 편지는 방문할 수 있는 거리에 있는 친지에게 이사를 알리는 내용이다.

① 어떤 장소로 「이사하다」는 remove to~가 아니라 move to~를 쓴다. 장소의 이동보다 건물의 입주를 강조한 뜻으로는 move in(into) a house를 쓴다.
② either는 보통 or 대신에 흔히 쓰이지만 부정문이 연결해서 사용하는 경우에는 「~도 아니다」의 뜻이 된다.
③ barely는 「간신히, 겨우」 등을 뜻하는 부사이다.
④ to house=to accomodate(유숙하다, 집을 주다, 수용하다).
⑤ raise는 「재배하다, 기르다」, plant는 「심다」인데 「꽃을 기르다」는 어느 것이든 좋다.
⑥ landlord는 「땅주인, 집주인, 여관 주인」 등의 뜻인데, 여성일 경우에는 landlady가 된다.
⑦ nextdoor는 next door(옆집, 이웃집)의 형용사 또는 부사이다.

## 5. 이사를 알리는 공식 카드(인쇄문)

> Mr. and Mrs. Chang-woo Kim
> have the pleasure of announcing
> the change of their residence
> as from 20th August, 1990
> to the following address
> 123 Taepyongno Chung-gu, Seoul
> Phone : 710-1378

제4부 편지문의 실례  111

[해석] 김창우 부부는 1990년 8월 20일부터 다음의 주소로 거주지가 변경됨을 알리게 되어 기쁩니다.

[주] 이것은 formal letter로서 3인칭이 사용된 구식의 서체이다.

## 6. 잡지사에 주소 변경 통지

```
                                              (Heading)
TIME Inc.①
Rockfeller Center
New York, N.Y.② 10020
U.S.A.
              Attention:③ Subscription Manager
Gentlemen:
    You are requested④ to change my address on your mailing list
of Time magazine as follows,⑤ effective immediately⑥:
       Chang-su Kim
       123 Chungmu-ro 2-ga
       Chung-gu, Seoul
       KOREA
                                         Yours truly,⑦
                                         Chang-su Kim
```

[해석] 타임지 발송 명부에 있는 본인의 주소를 다음과 같이 즉시 변경하여 주시기 바랍니다.

[주] ① Inc.는 Incorporated의 약자로서 미국의 주식회사(법인체)를 나타내는 형용사이며, 명사는 Corporation이다. 우리나라의 주식회사에 대해서는 영국식의 Limited(약자, Ltd.)를 쓰는 것이 일반적이다. Inc.나 Ltd.의 앞

에 comma가 있는 경우와 없는 경우에 주의해야 한다.

② New York, N.Y.에서 New York은 시를 말하며, N.Y.은 뉴욕 주를 말한다. 뉴욕 주는 관례상 약자로 쓴다. N.Y. 다음의 숫자는 postal zone 대신에 최근에 제정되어 사용되고 있는 Zip Code이다.

③ Attention은 회사 내의 수신자를 지정하는 것으로, 큰 회사에 보내는 편지에는 필요한 것이다. Subscription Manager는「구독자 담당 부장」을 뜻한다.

④ You are requested to~는 We request you to~와 같은 표현으로서「~해 주기 바란다」의 뜻인데 전자가 더 부드러운 표현이다.

⑤ as follows「다음과 같이」의 as는 여기서 관계대명사이며 follows는 제3인칭 단수의 자동사이므로 어미에 s가 붙는다. as regards「~에 관련하여」, as is stated「언급한 바와 같이」 등도 마찬가지 용법이다.

⑥ (as) 또는 (as to be) effective immediately는「즉시 발효」의 뜻인데 ( ) 안의 말은 생략될 수 있다.「5월 20일부터 실시」는 effective (from) May 20 next이다.

⑦ 이 편지는 social letter가 아니고 business letter이므로 맺음말로 Yours sincerely보다 Yours truly가 적당하다.

## 7. 거래 은행 주소 변경 통지

(Heading)

(Inside Address)

Attention: Deposit Section[①]

Gentlemen:

　　Please take notice[②] that I have recently moved to the following address:

　　　　123 Susong-dong

　　　　Chongno-gu, Seoul

(Telephone : 702－1234)

　I ask③ you, therefore, to change your record concerning my account accordingly.④ If you require my new signature card, I would apprecite⑤ your sending me a necessary form.

Yours truly,<br>Chang-woo Kim

[해석] 최근에 본인은 다음의 주소로 이사했음을 통지하는 바입니다.
　그러므로 본인의 구좌에 관한 은행 기록을 이에 따라서 변경시켜 주시기 바랍니다. 본인의 새로운 서명 카드가 필요하시다면 필요한 용지를 보내 주시기 바랍니다.

[주]　① Deposit Section 「예금과」.
　② Please take notice를 직역하면 「주의하기 바란다」인데 본문에서는 「양지하기 바란다」의 뜻이다. Please be advised와 This is to advise you도 같은 뜻의 표현이다.
　③ ask one to+(동사)는 request one to+(동사)와 같은 표현으로 「~하기를 요청한다」의 뜻이다.
　④ accordingly는 「따라서, 적당히, ~에 맞춰서」 등의 뜻이다.
　⑤ I would appreciate+(your)~ing 또는 I would appreciate it if you would~의 문형은 「~하여 주면 고맙겠다」는 뜻의 점잖게 격식을 차린 표현이다.

[응용 예문]
　위의 예문의 일부를 고쳐서 보험회사, 전기회사, 가스회사, 수도국, 우체국, 신문사 등에 주소 변경을 통지하는 데 사용할 수 있는 어구들은 다음과 같다.
　◇ insurance policy 「보험 증권」.
　◇ insurance premium 「보험료」.
　◇ clients' ledger (또는 register) 「가입자 대장」.

◇ electric light(gas, water) rates(또는 charges)「전기(가스·수도)요금」.
◇ subscriber「전화 가입자, 신문 구독자」.
◇ subscription「가입, 구독 또는 그 요금」, subscription fee라고도 한다.
◇ please cancel my subscription from+(date)
　(본인의 가입(구독)을 ~일부터 해약하여 주십시오.)
◇ I would appreciate it very much (또는 I should be highly grateful) if you would kindly forward hereafter any mails or postal matters addressed to my old address, to the following new address;
　(본인의 구 주소로 보내 오는 모든 편지와 우편물을 앞으론 다음의 새 주소로 발송하여 주시면 대단히 고맙겠습니다.)

## 8. 해외 여행 출발 통지 (1)

(Heading)

(Inside Address)
Dear Mrs. Park:

　I take pleasure[①] in informing you that I am planning to be in the States[②] shortly for about a month's[③] stay there. My daughter Hyangsook, now Mrs. T. Smith, is expecting[④] a child about the middle of this month and she wants me to help her and also look after her home while she is in maternity hospital. My stateside[⑤] address will be c/o Mr. T. Smith, 123-11 35 Avenue, New York, N. Y.

　If I can manage[⑥] while I am in New York, I will try to call on[⑦] your parents at Long Beach just to pay my respects[⑧] to them.

　An unexpected windfall in this trip is that I shall be able to spend the yuletide in the States. Lest I should[⑨] be too busy to send you Season's greetings from there, I had better[⑩] wish you and yours in advance a very merry Christmas and a happy and prosperous New Year.

Affectionately,<br>Yeong-hee Kim

[해석] 나는 약 한 달간 체재할 예정으로 미국을 곧 방문할 계획입니다. 이젠 Smith 부인이 된 나의 딸 향숙이가 이달 중순쯤에 출산할 예정인데, 그녀가 병원에 있을 동안 내가 그녀와 그녀의 가정을 돌봐 주기를 원하기 때문입니다. 미국에서의 나의 주소는 뉴욕 주 뉴욕 시 35번가 123-11 Smith 씨 댁이 될 것입니다.

내가 뉴욕에 있는 동안에 할 수만 있다면 롱 비치에 계시는 당신의 양친을 방문하여 경의를 표하도록 하겠습니다. 이번 여행에서의 뜻밖의 행운은 미국에서 크리스마스 기간을 보낼 수 있게 된 것입니다. 그곳에서 당신에게 크리스마스 인사를 보내기에 너무 촉박하지 않게 하기 위해서 미리 당신과 당신의 가족에게 즐거운 크리스마스와 복된 새해를 기원하는 인사를 드립니다.

[주] ① take pleasure in ~ing「~하게 되어 기쁘다」는 be pleased to ~와 같은 뜻이나 보다 정중한 표현이다.
② the States는 the United States의 줄임말.
③ 소유격의 apostrophe s는 보통 생물의 경우에 한해서 사용하지만, 시간을 나타내는 어떤 명사에도 붙일 수 있다.
④ expect a child(baby)=be in the family way=be pregnant「임신중」. expectant mother는「임산부」.
⑤ stateside는 형용사로서「미국의, 미국에서의」의 뜻.
⑥ manage는「처리하다, 요령껏 해 내다」의 뜻.
⑦ call on은「사람을 방문하다」의 뜻이고, call at는「장소를 방문하다」의 뜻.
⑧ respect는 단수인 경우에는「존경」을 뜻하고, 복수인 경우에는 보다 구체적인 의미의「경의」를 뜻한다.

⑨ lest I(You) should+(동사)는 「~하지 않게, ~하면 안 되니까」의 뜻.
⑩ had better는 「~하는 것이 좋다」의 뜻으로서 과거의 형태이지만 실제의 시제는 현재이다.

## 9. 해외 여행 출발 통지 (2)

(Heading)

Dear Mr. Mayfield,

　　On my way to London to attend the international convention of oceanographers scheduled to be held from the 20th to 23rd of this month, I will be stopping over① at Tokyo for the weekend of 15th and 16th. JAL Agency here reserved my room at the Akasaka Tokyo Hotel, where I am due to② arrive by noon of the 15th.

　　If you are free on either of these days, I should very much like to see you. Upon my getting in, I will ring you up and let you know my room number. I have no particular plan to do in Tokyo. I will leave③ it all to you.

　　Looking forward to the pleasure of reunion, I remain,

Yours sincerely,
Jong-ho Kim

[해석] 이번 달 20일에서 23일까지 열릴 예정인 국제 해양 학자 대회의 참석을 위해 런던으로 가는 도중, 15일과 16일의 주말을 도쿄에서 묵을 계획입니다. 이곳의 JAL 대리점에서 아카사카 도쿄 호텔에 나의 방을 예약해 두었는데 나는 그곳에 15일 정오까지 도착할 예정입니다.

　　이틀 중 어느 날이든 시간이 있다면 만나 보고 싶습니다. 도착하는 즉시 전화로 연락하여 방의 번호를 알려 드리겠습니다. 도쿄에서는 특별한 계획을 갖고 있지 않습니다. 그곳에서의 계획은 모두 당신에게 맡기겠습니다. 재회의 즐거움을 기대합니다.

[주] ① stop over는 동사로서 「도중 하차하다」의 뜻인데, 명사로는 여행 도중에 하차하는 것을 뜻하며 stopover로 붙여 쓴다.
② 「～할 예정이다」는 be due to, be scheduled to, be to, be going to, be expected to, be estimated to 등의 여러 표현법이 있다.
③ leave+(목적)+to you는 「～을 당신에게 맡긴다」의 뜻으로 이와 비슷한 표현에는 It is up to you to+(동사)가 있는데, 이는 「～하는 것은 당신에게 달려 있다」의 뜻이다.

## 10. 앞 편지의 답장

(Heading)

Dear Mr. Kim,

　　Your letter of the 1st inst.[1] just to hand has raptured me. My dream has come true! What a wonder[2] that we meet again after so long an interval.[3]

　　I will look for you at the Akasaka Tokyo Hotel Saturday morning, and take you round[4] that afternoon and also Sunday afternoon. Tokyo has been Koreanized a great deal of late.[6] Except Korean pepper paste, we can taste almost any Korean dishes here, and Kimchi is quite popular among some Japanese. So I will show you to a place where we can get really good Japanese delicacies such as Kabayaki(broiled eel) and Sashimi(sliced raw fish).

　　If you could have enough time in Tokyo, I would take you to the Lake Chuzenji so that we might enjoy sighting and fishing leisurely. But I understand that your fixed schedule to attend the convention at London would not afford us such time. I hope you will

come back to Tokyo again on your way back to Korea.
　　I hope this letter will reach you in time before you leave Korea.
<br>　　　　　　　　　　　　　　　　　　　　　Yours sincerely,
<br>　　　　　　　　　　　　　　　　　　　　　　G.O. Mayfield

[해석] 이달 1일자의 당신의 편지를 방금 받고 기쁜 마음을 금할 길이 없습니다. 나의 꿈이 이루어진 것입니다. 정말 오랜만에 우리가 다시 만나게 되다니 정말 멋있는 일입니다.

　나는 토요일 오전에 아카사카 도쿄 호텔에서 당신을 찾아 보겠습니다. 그리고 그날 오후와 일요일 오후에 당신을 유람시켜 드리겠습니다. 도쿄는 최근에 상당히 한국화되었습니다. 이곳에서는 한국의 고추장을 제외하고는 어떤 한국의 요리도 맛볼 수 있게 되었으며 김치는 일부 일본인들에게도 퍽 인기가 있습니다. 그러므로 나는 가바야끼(장어 구이)나 사시미(생선회)와 같은 정말 좋은 일본 요리를 맛볼 수 있는 곳으로 당신을 안내하여 드릴 작정입니다.

　당신이 도쿄에서 충분한 시간을 가질 수 있다면 츠젠지 호수로 모셔서 관광과 낚시를 느긋하게 즐길 수 있겠습니다만 런던 대회에 참석하실 당신의 일정은 우리들에게 그러한 시간을 주지 않을 것으로 이해합니다. 귀국하는 길에 도쿄에 다시 들러 주시기 바랍니다.

　이 편지가 당신이 한국을 떠나기 전에 도착되기 바랍니다.

[주]　① inst.는 instant의 줄임말로서 「이달」의 뜻이다. ultimo(약어 ; ult.)는 「지난달」, proximo(약어 ; prox.)는 「다음달」의 뜻이다. 요즘은 이 세 단어 대신에 of this month, of last month, of next month만이 쓰인다.

② What a wonder는 How wonderful it is와 같은 뜻이다.

③ after so long an interval=after a long while.

④ round와 around는 모두 부사이나 뜻이 조금 다르다. 동적인 것에는 round를, 정적인 것에는 around를 쓴다.

⑤ of late=lately=recently.

## 11. pen friend에게 결혼을 알리는 편지

(Heading)

Dear Miss Barkely:

You will be surprised to hear that I was married on March 20 last[1] to my fiancé by the name of[2] Chang-soo Kim, as shown by my new address above and signature below. We had been engaged for the preceding[3] three months. I should have informed you immediately of my engagement, but I felt somehow too shy to reveal it. Furthermore, I was afraid that my pen would be too poor to describe the circumstances fully. I hope you will excuse my over-timidity[4] and kindly continue the mutual relationship as heretofore.[5]

My husband is a physician[6] aged 30 and works for the Sungsim Hospital. The mode of our betrothal[7] was half Korean and half Western. By it I mean that my parents selected my prospective[8] husband, and after a tentative interview[9] we were allowed to date each other to observe[10] possibilities of becoming a couple. This free dating lasted about six months, and having been satisfied with each other, we were formally betrothed.

My husband has a keen[11] desire to polish his English writing, and so he may take[12] the liberty of joining in my correspondence with you, if you don't mind.

With kindest regards,

Cordially yours,
Hee-jin Kim

[해석] 위에 적은 나의 새로운 주소와 밑의 서명에서 보듯이 김창수라는 이름의 나의 약혼자와 지난 3월 20일에 결혼했다는 소식을 들으면 놀라실 것입니다. 우리들은 3개월간의 약혼 기간을 가졌습니다. 내가 약혼한 사실을 즉

시 당신에게 알려야 했는데 어쩐지 그걸 말하기가 너무 쑥스러웠습니다. 더우기 나의 문장력으로 그 상황을 충분히 설명할 수 있을지가 의문이었습니다. 나의 지나친 소심함을 용서하고 앞으로도 여전히 서로의 우정이 지속되기 바랍니다.

나의 남편은 30세의 내과 의사로서 성심 병원에서 근무하고 있습니다. 우리들의 약혼 방식은 반은 한국식이고 반은 서양식이었습니다. 즉, 나의 양친께서 남편감을 가려내서 시험적인 접견을 한 다음에 서로가 배우자가 될 가능성이 있는지를 관찰하기 위해 데이트가 허용되는 것입니다. 이러한 자유 데이트가 약 6개월간 계속되고 서로가 만족하였으므로 우리는 정식으로 약혼을 했습니다.

나의 남편은 그의 영어 작문력을 가다듬기를 바라고 있으므로 당신이 개의치 않는다면 당신과의 서신 교환에 참여할지도 모르겠습니다.

[주] ① March 20 last는 last March 20로 써도 좋다.
② by the name of는 named와 같은 뜻이다.
③ preceding은 「직전의, 바로 전의」의 뜻이고, 「다음의, 계속되는」는 succeeding, ensuing, following 등이 있다.
④ excuse my over-timidity=excuse me for my over-timidness.
⑤ as heretofore=as hitherto=as in the past=as before.
⑥ physician(내과 의사), surgeon(외과 의사), doctor(의사 : 개인의 이름에 붙이는 경칭).
⑦ betrothal=engagement, be betrothed=be engaged.
⑧ prospective husband는 「남편 후보자」, husband-to-be 또는 husband-elect는 「남편 예정자」, would-be husband는 「자칭 남편 후보자」.
⑨ tentative interview=trial interview(시험적인 회견).
⑩ observe는 「관찰하다」와 「준수하다」의 두 가지 뜻이 있는데, 「관찰하다」의 뜻으로는 명사가 observation이고, 「준수하다」의 뜻으로는 명사가 observance이다.
⑪ keen=eager=zealous=ardent.

⑫ take the liberty of ~ing 「실례를 무릅쓰고 ~하다」라는 뜻의 관용어이다.

## 12. 결혼식 청첩장(인쇄문)

>
> Mr. and Mrs. Chul-sung Song
> request the honor of your presence
> at the marriage of their daughter
> Young-hee
> to
> Mr. Dal-ho Kim
> Saturday, the second of May
> nineteen hundred and ninety-one
> at eleven o'clock
> Sungkwang Presbyterian Church
> Seoul

[해석] 김달호 군과 송영희 양의 결혼식이 1991년 5월 2일 오전 11시 서울 성광 장로 교회에서 거행되오니 왕림하여 주십시오.

[주] ① 서양에서는 신부의 부모가 청첩인이 된다.
　② 결혼식에만 참석하는 사람에 대해서는 청첩장만 보내면 되겠으나 피로연에도 초대하는 사람에 대해서는 피로연 초대장도 함께 보내야 한다. 피로연 초대장의 작성법은 청첩장과 마찬가지이다. 왼쪽 하단에 R.S.V.P.(Répondez s'il vous plait-참석 여부 회답 요망)를 기재한다.

## 13. 결혼식 피로연 초대장

>
> Mr. and Mrs. Chul-sung Song
> request the pleasure of
> ~'s company[①]
> at the wedding reception
> of their daughter
> Young-hee
> and
> Mr. Dal-ho Kim
> Saturday, the second of May
> at six o'clock in the evening
> Main Restaurant
> Kaya Hotel
> Seoul
>
> R.S.V.P.

[해석] 김달호 군과 송영희 양의 결혼 피로연이 5월 2일 저녁 6시에 서울 가야 호텔 대식당에서 있으니 참석하여 주시기 바랍니다. 참석 여부 회답하여 주십시오.

[주] ① ~'s company의 공란에는 초대 받은 사람이 Mr. and Mrs.~라고 성명을 적어서 다시 발신인에게 보낸다. R.S.V.P.(회답 요망)을 필요로 하지 않는 경우에는 request the pleasure of your company라고 작성하여 인쇄한다.

## 14. 비공식적인 피로연 초대장

자신이나 가족의 결혼을 알리고 피로연에 초대하는 데 제3인칭으로 작성된 공식 카드를 사용하는 것이 어색하게 생각될 경우에는 다음과 같은 개인적인 문장을 복사한 편지로 대신할 수 있다. 단, 이 경우에는 salutation과 complimentary close, 그리고 signature를 반드시 육필로 써야 한다.

(Heading)

*Dear① _____ :

It is with a great pleasure that I inform you of my marriage to Mrs. Ock-sun Yu, which took place② on March 25 last at the Sungkwang Presbyterian Church.

My new wife was the widow of the late③ Dr. C. H. Christoferson, then Professor at the Seoul National University when he passed away about five years ago. And myself being a widower, too, it was our common desire to carry out our wedding privately. So only the members of both families and their immediate relatives attended the ceremony and the following dinner. We left the next day on our honeymoon and returned home the day before yesterday,④ after having visited some famous places of the Southern Provinces of Korea.

I intend to hold an at-home⑤ one of these days at which I will request the honor of your presence and of introducing to⑥ you my wife.

With kindest personal regards, I remain,

*Sincerely yours,
*Min-ho Kim

[해석] 지난 3월 25일 성광 장로 교회에서 유옥선 여사와 제가 결혼하였음을

알려 드리게 되어 대단히 기쁩니다.
　제가 새로이 맞이한 아내는 서울대학교 교수로서 약 5년 전에 작고한 H.Christoferson 박사의 미망인입니다. 제 자신도 홀아비이므로 우리 두 사람은 모두 조용히 결혼식을 거행하기를 원했습니다. 그래서 양가의 가족과 가까운 친척들만 예식과 그 다음의 만찬에 참석시켰습니다. 저희는 그 다음 날에 신혼 여행을 떠나서 한국의 남도의 몇몇 명소를 방문한 후 그저께 집으로 돌아왔습니다.
　가까운 며칠 안에 저희 집에서 모임을 가질 예정인데 저의 아내를 소개할 수 있도록 참석하여 주시면 영광이겠습니다.

[주]　① 위의 본문에서 * 표시가 된 것은 육필로 써야 하는 것이다.
② to take place=to be held(개최되다, 열리다).
③ 고인의 성명 앞에는 the late를 붙인다.
④ the day before yesterday는 「그저께」, the day after tomorrow는 「모레」, the week(month/year) before last는 「지지난 주 (달/해)」, the week (month/year) after next는 「내후주(달/년)」.
⑤ at-home은 보통 자기 집에서 갖는 비공식의 초대회를 일컫는다.
⑥ 사람을 소개하는 경우에는 항상 자기와 가까운 사람 또는 지위가 낮은 사람 (A)을 손위의 사람이나 지위가 높은 사람 (B)에게 소개하는 것이 예의이다. 영어로는 반드시 introduce(A) to (B)로 표현되어야 하며 그 반대가 될 경우 큰 실례가 된다.

## 15. 공식적인 결혼 통지장

Mrs. Ock-sun Yu
and
Mr. John William Patterson
announce their marriage

on Sunday, the twenty-fifth of March
One thousand nine hundred and ninety-one
at the Sungkwang Presbyterian Church, Seoul

[주] 이 예문은 앞 예문의 내용을 공식화한 통지장이다. 그러나 보통 재혼의 경우에는 공식적인 결혼 통지장과 피로연 초대장을 보내지 않는 것이 관례이다.

[응용 예문]
◇ This will be the last letter that I write to you in my maiden name, as I am going to be married to Mr. Paul Smith on the 10th May.
(제가 5월 10일에 Paul Smith 씨와 결혼하게 되므로 이 편지는 저의 처녀명으로 당신에게 보내는 마지막 편지가 될 것입니다.)

## 16. 아내의 사망을 알리는 편지

(Heading)

Dear Mr. and Mrs. Ellis :

It is with the greatest grief and regret that I have to inform you of sudden death of my wife in the evening of May 15 due to heart failure.① It was a blow like a thunderbolt from the blue sky, as she had never complained of heart trouble before, although her blood-pressure was slightly on the high side.

The farewell② service was held yesterday at the Sungkwang Presbyterian Church under the officiation of Minister Yong-sun Park. Unexpectedly large number of Korean and foreign mourners paid her the last tribute.

Having been bereaved③ all of a sudden④ of my life partner,⑤ I don't know what to do right now, but I suppose time will gradually cure my pain and make me used to the solitary life.

　　　　I hope this will find you in good health and spirits.

Sincerely yours,<br>Tae-ho Lee

[해석] 저의 아내가 5월 15일 심장마비로 인해 급서(急逝)했음을 비통한 마음으로 알려드립니다. 그녀는 혈압이 조금 높은 편이었지만 지금까지 심장 질환을 호소한 적은 없었으므로 그것은 청천벽력과도 같은 충격이었습니다.

　　영결식은 어제 성광 장로 교회에서 박영선 목사님의 집례로 거행되었습니다. 예상 외로 많은 한국인과 외국인 조문객들이 참석하여 그녀를 보내는 마지막 예배를 드렸습니다.

　　졸지에 인생의 반려자를 잃은 저로서는 지금 무슨 일을 해야 할지를 모르겠습니다만 시간이 가면 점차로 저의 고통이 치유되고 고독한 인생에 친숙하게 되리라고 생각됩니다.

　　귀하의 건강을 빕니다.

[주]　① heart failure=heart attack=cardiac paralysis 「심장마비」.

② farewell=leave-taking a farewell address는 「고별사」, a farewell party는 「송별회」.

③ be bereaved of~는 「가족을 잃다」이고, 명사는 bereavement로서 「사별」의 뜻이다. the bereaved=bereaved family 「유족」.

④ all of a sudden=suddenly.

⑤ life partner=spouse 「반려자」.

## 17. 정식 부고 (1)

> Mr. and Mrs. Rex Hans Jerome
> exceedingly[1] regret to announce
> the accidental death of their son
> Jack Hiram
> on the 21st of March, 1990
> while driving along the Highway.
> The funeral service will be held
> at 3 p.m., Tuesday, 24th of March, 1990
> at Sungkwang Presbyterian Church, Seoul

[해석] 렉스 한스 제롬 부부는 그들의 아들 잭 하이럼이 1990년 3월 21일 고속도로를 따라 운전하던 도중 사고로 사망했음을 심히 애석한 마음으로 알려 드립니다. 장례식은 1990년 3월 24일, 화요일 오후 3시 서울의 성광 장로 교회에서 거행됩니다.

[주] 이 예문은 사망을 공식적으로 알리는 것이므로 흔히 카드에 인쇄한다.
① exceedingly는 extremely와 같은 표현으로 「극히, 심히」의 뜻이다.

## 18. 정식 부고 (2)

> Edwin Robert Smith and children
> with the deepest sorrow and profound sadness[1]
> announce the parting[2] of Mary Ann Smith
> their beloved wife and mother
> on the 15th of April, 1990.
> The farewell service will be held

at 2. 30 p.m., Sunday, 18th of April, 1990
at St. Peter's Church, Seoul

[해석] 애드윈 로버트 스미스와 아이들은 그들의 사랑하는 아내이며 어머니인 메리 앤 스미스가 1990년 4월 15일 서거했음을 심히 슬픈 마음으로 알려 드립니다. 영결식은 1990년 4월 18일 일요일 오후 2시 30분 서울 성베드로 교회에서 거행됩니다.

[주] ① deepest sorrow and profound sadness는 동의어의 강조적인 용법이다.
② parting=passing=decease=death.

## 19. 신문 광고용 부고

### OBITUARY

We announce with regret that Inwhan Cho, president of Daehan Ex- Import Company, Ltd. passed away at his home after a long illness at 8:15 a.m., October 15, 1990.

The funeral service will be held as follows:

Time and date: 1:00 p.m. October 20(Tuesday)

Place: Myongdong Catholic Church
       Myong-dong, Chung-gu, Seoul

We express our sincere gratitude to his many friends who showed him kindness during his lifetime.

Daehan Ex-Import Company, Ltd.

October 16, 1990

## 20. 부친 별세 통지 (비공식문)

> (Heading)
>
> (Inside Address)
> Dear _____:
>
> It is with a great lament and sorrow that I have to inform you that my beloved[①] father, Kuckhwan, succumbed to[②] long illness on the evening of July 10 at the Seoul Sungsim Hospital. We have tried all we could for him, but have failed to sway his destiny.
>
> The funeral service will be held at 2 p.m., Thursday, July 13, at Daeryong Buddhist Temple on Mt. Bukhan.
>
> Yours sincerely,
> Min-ho Kim

[해석] 부친께서 7월 10일 저녁에 서울 성심 병원에서 오랜 숙환으로 별세하였음을 슬픈 마음으로 알려 드립니다. 우리는 부친의 쾌유를 위해 가능한 모든 노력을 경주했으나 유명(幽明)을 바꾸기에는 역부족이었습니다.

장례식은 7월 13일 오후 2시에 북한산에 있는 대룡사에서 거행될 것입니다.

[주] 위의 예문은 사망 통지를 일반 편지의 형식으로 쓴 것이다.
① 부고에서 사망한 가족에 대해서는 형용사 beloved를 쓴다.
② succumb to~ 는 「~에 굴복하다, ~로 죽다」의 뜻이고, 「부상으로 인해 사망하다」는 succumb to one's injuries이다.

# 제5장   위문·문안 편지와 그 답장
## Enquiries, sympathies and Acknowledgements

### 1. 문안 편지

(Heading)

Dear Miss Powell:

I am more than[1] sorry to hear that you have been taken ill[2] and have to stay in bed for some time. I cannot still believe it, as you looked so lively when I saw you last.

Disgusting[3] as it is[4] for you to be confined to unused[5] sickbed, it might have been providential — excuse me if I offend[6] you but — as you have been, I am afraid, exhausting yourself, and so this must be a very good opportunity for you to take a needed rest[7] and release yourself from over-strain. Don't worry about our campaign. All your friends in the circle will gladly co-operate to cover your part. If there is anything else that I can do for you, please do not hesitate[8] to let me know.

I will come to see you in a few days. In the meantime, with best wishes for your turning for the better[9], I remain,

Yours as ever,

Min-hee Lee

[해석] 당신이 병에 걸려서 당분간 병상에 누워 있어야 한다는 소식을 듣게 되어 정말 유감입니다. 지난번에 내가 당신을 보았을 때에는 그렇게 생기 있게 보였는데 병에 걸리다니 믿어지지 않군요. 익숙치 못한 병상에 묶여 있어야 한다는 것은 지겨운 일이겠지만―실례인지 모르지만―다행스러운 일일지도 모르겠군요. 왜냐하면 당신은 지칠대로 지쳐 있었으므로 이번이 긴장을 풀고 휴식을 취할 좋은 기회임엔 틀림없기 때문이죠. 우리들의 활동에 대해서는 걱정하지 마십시오. 우리 모임의 모든 친구들이 당신의 역할을 메우기 위해 기꺼이 협동할 것입니다. 내가 당신을 위해 할 수 있는 일이 있다면 주저하지 마시고 알려 주십시오.

수일내에 당신을 보러 가겠습니다. 그동안 건강이 호전되기를 빕니다.

[주] ① more than+(형용사)는 형용사를 강조하는 표현이다.

② be taken ill=to get(become) ill(sick)의 ill과 sick는 같은 뜻이나 영국에서는 ill을, 미국에서는 sick를 많이 사용한다. 명사는 illness=sickness=disease이고, 그 밖에도 형용사 ailing「병든」과 명사 ailment가 있다.

③ It is disgusting to me=I am disgusted with it.「나는 그것에 싫증이 났다.」

④ 형용사+as it is=though it is+(형용사)「~할지라도」, be that as it may「~일지라도」도 비슷한 표현이다.

⑤ unused에는「익숙하지 않은」과「사용하지 않은」의 두 가지 뜻이 있다.

⑥ you offend me=I am offended by you「당신은 나의 마음을 상하게 한다」, offence=offense「위반, 모욕, 공격」

⑦ rest (ⓝ : 휴식, ⓥ : 휴양하다), the rest (나머지)

⑧ do not hesitate~「주저없이~하라」는 표현.

⑨ for the better에서는 형용사에 관사가 붙어서 명사가 된다.

[응용 예문]

◇ I am very anxioux about your illness and wish to tender my sincere inquiry.

(당신의 병환이 매우 걱정되어서 문안을 드립니다.)

◇ Being much concerned about your ailment, I hasten to offer my hearty sympathy.
(당신의 병환이 걱정되어 우선 위문을 드립니다.)

◇ I sincerely hope your injury is not so serious as to handicap your athletic activity.
(당신의 상처가 운동 활동에 지장이 될 만큼 심한 것이 아니기를 바랍니다.)

◇ I hope you are making a good progress toward recovery so that you will soon appear among us.
(당신이 순조롭게 회복되어서 빨리 우리들 사이에 나타나길 바랍니다.)

◇ We are so glad to hear of your recovery that we are going to have a celebration in your honour.
(우리들은 당신이 회복되었다는 소식을 듣고 너무 기뻐서 축하 행사를 가질 생각입니다.)

## 2. 문안 편지에 대한 답장

(Heading)

Dear Miss Lee:

On behalf[1] of my daughter Estelle, I wish to acknowledge[2] the receipt of your very kind letter, but your sincerity shown therein is so touching that I am really at a loss how to word our thanks. Estelle was moved to tears by your warm heart.

It has been a matter of my concern that Estelle has been a little too enthusiastic for what she believes right and has not listened to my warning. So I quite agree with[3] you that her confinement this time is a godgiven opportunity to provide[4] her with good rest physically as well as mentally.

How kind it is of her friends in the circle to extend helping hands over her part in the campaign, so that Estelle can devote herself to her recuperation!

Please convey our hearty gratitude and kind regards to all your friends in the circles.

Yours gratefully,<br>Susan Powell

[해석]  나의 딸 에스텔을 대신해서 당신의 친절한 편지를 잘 받아 보았음을 전합니다. 당신의 편지는 너무나 감동적이었습니다. 무슨 말로 감사를 드려야 할지를 모르겠습니다. 에스텔은 당신의 따뜻한 마음에 눈물을 흘렸습니다.

에스텔은 그녀가 옳다고 믿는 것에 대해서 너무 열심이었고, 나의 충고에 귀를 기울이지 않았으므로 나의 걱정거리가 되어 왔습니다. 그러므로 그녀가 이번에 발이 묶인 것은 육체적으로 뿐만 아니라 정신적으로도 휴식을 취할 천혜의 기회라는 당신의 말에 전적으로 동의합니다. 써클 안의 친구들이 써클 활동에서의 그녀의 역할을 위해 힘써 줌으로써 에스텔이 회복하는 데만 전념할 수 있도록 해 준 것은 너무나 고마운 일입니다.

우리들의 감사하는 마음을 모든 친구들에게 전해 주십시오.

[주]  ① on behalf of는 「~를 대신해서」, in behalf of는 「~를 위하여」.
② acknowledge the receipt of~는 「~을 잘 받았다」는 뜻의 구식 표현이다.
③ I agree with you; I agree to your opinion; you and I agree on this matter 등에서와 같이 agree는 목적에 따라서 다른 전치사가 온다.
④ provide에는 여러 가지 뜻이 있는데 provide(furnish, supply) one with a thing의 경우에는 사람에게 물건을 「제공하다, 마련해 주다」 등의 뜻이 된다.

[응용 예문]
◇ Accept my sincere thanks for your considerate inquiry.
(당신의 사려 깊은 문안에 심심한 감사를 드립니다.)
◇ I am deeply moved by your warm sympathy for which I feel highly grateful. I am glad to inform you that I am making a satisfactory progress.
(당신의 따뜻한 위문에 깊이 감동되었음에 감사를 드립니다. 경과가 만족스럽게 순조로움을 알려 드립니다.)

## 3. 화재를 당한 사람에게

(Heading)

Dear Mr. Oldham,

I was shocked beyond expression to find in this morning's paper that your house had been half burnt last night by the spreading fire[1] from the next door. What a misfortune! How frightful it was and how distressed you and your family are now! I have no word to express my sympathy adequately.

I should have been now on my way to your place for assistance, but unfortunately I have to go to Pusan this afternoon on account of an unescapable[2] engagement.[3] So I am sending you my secretary, Mr. Yun-hwan Kim, bearing[4] this letter. He is at your disposal[5] to attend to any matter requiring immediate attention such as insurance claims, negotiations with competent[6] authorities, engaging carpenters and contractors, etc. Please do not hesitate to ask him for any other assistance.

I hope you will overcome your mishap with an indomitable spirit.

Yours sincerely,<br>
Dal-ho Park

[해석] 간밤에 귀댁이 이웃으로부터 번진 불로 거의 타게 되었다는 것을 오늘 아침 신문에서 보고 큰 충격을 받았습니다. 이게 왠 재난입니까! 그것은 얼마나 놀라운 일이었으며 귀하와 가족은 지금 얼마나 상심하고 있을지요! 무어라고 위로의 말씀을 드려야 할지를 모르겠습니다.

저는 지금 귀하를 돕기 위해 그곳으로 가고 있어야 할 터이지만 불행히도 피치 못할 약속으로 오늘 오후에 부산으로 가야만 합니다. 그래서 저의 비서인 김윤환 씨를 이 편지를 지참시켜 보냅니다. 그는 귀하의 하명에 따라 보험금 청구, 소관 당국과의 교섭, 목수 및 건축업자의 고용 등 즉각적인 처리를 요하는 어떤 일도 할 것입니다. 그 밖의 어떤 협조도 주저하지 마시고 그에게 요청하기 바랍니다.

귀하께서 불굴의 의지로 이번 재난을 극복하길 바랍니다.

[주] ① 「이웃으로부터의 불길에 휘말리다」는 be involved in the next-door fire, 「이웃의 화재」는 a fire in the neighbourhood, 「전소」는 total destruction by fire, 「전소하다」는 be burnt down to the ground; be reduced(raged) to ashes, 「대화재에 의한 황폐화」는 devastation by conflagration, 「실화」는 accidental fire, 「방화」는 incendiary fire 또는 arson이다.

② unescapable 「도망갈 수 없는」, unavoidable 「피할 수 없는」, inevitable

「당연한 귀결로서 피하지 못할」등은 모두 비슷한 뜻이지만 뉘앙스에 차이가 있다.
③ engagement는 「약속, 약혼, 고용, 용무, 교전」등의 여러 가지 뜻이 있다.
④ bear는 「운반하다, 부담하다, 견디다, 지탱하다」등 뜻이 여러 가지이나 여기서는 「지참하다」의 뜻이다. 「지참인」은 bearer이다.
⑤ at your disposal 「당신의 임의대로, 당신의 처분대로」.
⑥ competent는 「유능한, 관할권을 가진, 합법적인」등의 뜻으로, the competent authorities는 「소관 관청, 소관 당국」의 뜻이다.

## 4. 수해 문안 편지

---

(Heading)

Dear Mr. and Mrs. Monroe :

    Newspapers here report a big flood① around your district due to② an overflow of the Han River. I am anxious③ if your house is affected. Earnestly hope that all of your family are safe.

Sincerely yours,<br>Jong-su Seo

---

[해석] 이곳의 신문들은 한강의 범람으로 인해 그 지역에 대홍수가 있었다는 보도입니다. 귀댁이 수해를 입지 않았는지 걱정됩니다. 댁의 가족 모두가 무사하기를 간절히 바랍니다.

[주] ① flood는 명사로는 「홍수」, 자동사로는 「범람하다」, 타동사로는 「침수하다」이다. inundate는 타동사로서 「물에 잠기게 하다」, 명사는 inundation 「범람, 침수」, overflow는 명사, 자동사, 타동사로 사용되며 「범람」의 뜻이다.

② due to는 「~로 인한, ~할 예정인」 등의 뜻을 가진 형용사로서 부사가 아니다. 이것은 어느 정도 교양이 있는 영미인들 사이에서도 owing to 또는 on account of의 뜻인 부사구로 사용하는 예가 있지만 문법상으로는 옳지 않은 것이다. 부사로서의 due는 exactly의 뜻이다.
③ be anxious는 「걱정하다, 불안하게 생각하다」의 뜻과 「열망하다, 고대하다」의 뜻이 있다.

## 5. 수해 문안 편지에 대한 답장

(Heading)

Dear Mr. Seo,
    Thank you so much for your kind inquiry after the latest tempest around here. Thanks to① the elevation,② our vicinity escaped the flood, while③ a vast area a little further down was badly inundated. It was such a torrential④ rain drenching this district ceaselessly for a full day and night, and caused the river to swell⑤ over its banks. We have never experienced such a lasting downpour.④
    We hope all of you are doing well.
                                            Sincerely,
                                            Joan and Ted Monroe

[해석] 최근 이 지역에서의 폭풍우에 대한 귀하의 친절하신 문의, 감사합니다. 저희 인근 지역은 높은 지대인 덕분에 수해를 면했습니다만 조금 아래의 넓은 지역은 침수가 매우 심합니다. 이 지역에 하루 동안 꼬박 내린 폭우가 강물을 범람시킨 원인이었습니다. 저희는 그와 같이 오랫동안 퍼붓는 호우를 경험한 적이 없었습니다.
    귀댁에도 모두 안녕하시길 바랍니다.

[주]  ① Thanks to는「덕분에, 덕택에」의 뜻으로 부사구이다.
　② elevation=altitude「고도」.
　③ while은 위의 문장에서 but와 같은 뜻으로, 보통 이에 접속되는 문장이「～인 반면에」의 뜻으로 해석되는 비교 구문이다.
　④ 큰비를 나타내는 말들인 torrential은 형용사, drench는 자동사, downpour는 명사이다. drenching rain도「호우」를 뜻한다.
　⑤ swell은「팽창하다, 증가시키다」등의 뜻으로, 명사로는「팽창, 명사, 달인」등의 뜻이 있고, swollen river는「물이 불어난 강」, swelled head는「자만심」의 뜻이다.

## 6. 하절기 문안 편지

영미에서는 여름철이나 겨울철에 특별히 문안 편지를 보내는 풍습은 없으나 친한 사이의 편지에서는 보내는 사람 쪽의 절후와 기후를 알리고 상대방의 정황을 묻는 일이 흔히 있다. 이러한 편지에 특별한 형식이 있는 것은 아니나, 다음의 예문은 크리스마스 카드나 연하장처럼 서명만 육필로 쓰도록 된 절기 문안 편지의 드문 예이다.

---

### Summer Greetings

　Now that the hot part of the year① has already come I trust you are being careful and taking good care of yourself.

　In the summer time it is wise to go slow and to relax as much as possible. I sincerely hope that this finds you in good health, happy, and getting along fine.②

　As for me, I am fairly well.

Sincerely Yours,<br>Min-ho Kim

[해석] 이제 연중 가장 더운 계절이 되었으므로 당신께서는 각별히 주의하셔서 건강 관리를 하실줄 믿습니다.

여름철에는 가능한 한 긴장을 풀고 서행하는 것이 현명합니다. 당신의 건강과 행복과 편안하심을 빕니다.

저는 퍽 건강합니다.

[주] ① the hot part of the year는「일년 중의 더운 부분」즉, 여름을 뜻한다.「찌는 듯이 더운」은 boiling hot 또는 sultry,「삼복 더위」는 the midsummer heat로 옮긴다.

② getting along fine은「무사히 잘 지내는 것」.

## 7. 동절기 문안 편지

### Winter Greetings

The spring has set in today, but it is only on the lunar calendar.[①] We are yet to go through the coldest spell of the winter before we approach real spring.

I wonder how you and your family are faring[②] in this severe weather, and especially, in the wide prevalence of influenza. I sincerely hope that this will find all of you in the best of health and spirits.

Yours sincerely,<br>Min-ho Kim

[해석] 오늘이 입춘입니다만 이것은 다만 태음력에서 일 뿐입니다. 우리들이 진짜 봄에 접근하기 까지는 아직도 겨울의 가장 추운 날들을 보내야 합니다.

이렇게 추운 날씨와 특히 유행성 감기가 만연하는 가운데 당신과 당신의 가족은 어떻게 지내는지 궁금합니다. 당신의 가족 모두가 최상의 건강을 유지하고 있기를 빕니다.

[주] ① lunar calendar(태음력)↔solar calendar(태양력) 또는 Gregorian calendar.

② to fare에는 「음식을 먹다, 여행하다, 살아가다」 등의 뜻이 있는데 여기서는 「지내다, 살아가다」의 to get on이나 to get along과 같은 뜻이다. How fares it with you?는 How are you getting along?과 같은 뜻의 표현이다. 「여행하다」의 뜻으로는 명사인 seafarer(해상 여행자)와 wayfarer(도보 여행자)가 있다.

## 제6장  초대장과 그 답장
### Invitations and Replies

**1. 결혼식의 공식 초대장**

다음의 두 예문은 결혼식과 그 후의 피로연에 공식으로 초대하는 청첩장이다. 이 예문은 두 개로 접는 켄트지의 표면(접는 선의 왼쪽)에 인쇄되는 것이며, 청첩장의 크기는 11.3cm×14.8cm에서 14.3cm×19cm 정도이다.

[예 1]

> Mr. and Mrs. Jeffrey Joseph Schulz
> request the honour of your presence
> at the marriage of their daughter
> Eva Grace
> to
> Mr. Charles Colin Cox
> on Saturday, the fifteenth of April
> at three o'clock in the afternoon
> East Dallas Christian Church
> Upper Room Chapel
> Dallas, Texas
> Reception immediately following
> Fifty twelve Meadow Lake

[해석] Jeffrey Joseph Schulz 부처는 4월 15일 토요일 오후 3시, 이스트 달라스 크리스챤 교회에서 Eva Grace Schulz양과 Charles Colin Cox 군의 결혼식이 있으니 왕림하여 주시길 바라며, 결혼식 후 Meadow Lake가 5012번지에서 있을 피로연에도 참석하여 주시길 바랍니다.

[예 2]

```
            Mr. and Mrs. Jeffrey Joseph Schulz
            request the honour of your presence
              at the marriage of their daughter
                         Eva Grace
                             to
                   Mr. Charles Colin Cox
             on Saturday, the fifteenth of April
               at three o'clock in the afternoon
                 East Dallas Christian Church
                      Upper Room Chapel
               and afterwards at the reception
                    Fifty twelve Meadow Lake
```

[해석] Jeffrey Joseph Schulz 부처는 4월 15일 토요일 오후 3시, 이스트 달라스 크리스챤 교회에서 있을 그들의 딸 Eva Grace 양과 Charles Colin Cox 군의 결혼식과 Meadow Lake가 5012번지에서의 피로연에 귀하의 왕림을 청합니다.

결혼식에만 초대하는 경우에는 위의 예문에서 끝부분의 reception에 관계되는 부분을 삭제하면 되고, 반대로 피로연에만 초대하는 경우에는 다음과 같은 카드를 만들면 좋다.

>
> Mr. and Mrs. Jeffrey Joseph Schulz
> request the pleasure of
> Mr. and Mrs. C.M.Parker's company
>
> at the wedding reception
> of their daughter
> Eva Grace
> and
> Mr. Charles Colin Cox
> Saturday, the fifteenth of April
> at seven o'clock in the evening
> Fifty twelve Meadow Lake
> Dallas, Texas
>
> R.s.v.p.

[해석]  Jeffrey Joseph Schulz 부처는 4월 15일 토요일 저녁 7시, 텍사스 주 달라스 시 Meadow Lake 가 5012번지에서 있을 그들의 딸 Eva Grace 양과 Charles Colin Cox 군의 결혼 피로연에 C.M. Parker 씨와 부인의 왕림을 청합니다. 회답을 바랍니다.

이 카드는 예식장의 초대장과 구별하기 위해 색지를 사용하거나 크기를 달리하는 것이 좋다. 점선으로 표시된 부분은 실제로 점선을 넣는 것이 아니라, 's를 인쇄하여 공백으로 비워 두고 참석할 사람의 성명을 육필로 적는다.

일반적으로 교회에서 거행되는 결혼식에는 많은 사람이 초대되고 피로연에는 소수의 인원이 초대되지만 그 반대인 경우도 많다. 그러므로 결혼식 청첩장과 피로연 초대장은 별도로 만들어서 예식장과 피로연의 초대를 구별하여 발송해야 한다. 양쪽에 다 초대되는 사람에게는 청첩장과 초대장을 동봉하면 된다.

이러한 초대장을 보내는 데는 크고 작은 2중의 봉투를 사용하는 것이 보통이다. 바깥쪽의 봉투에는 우송 수신인의 성명과 주소를 쓰고 안쪽의 봉투에는

Mr. and Mrs. C.M. Parker와 같이 초대되는 사람의 서명만 쓴다.

[주] (1) honour는 영국식 철자이고, 미국식으로는 honor이다.
(2) 결혼식 청첩장에는 정중한 표현인 request the honour of your presence를 사용하고 피로연 초대장에는 request the pleasure of your company를 사용한다.
(3) 숫자와 약자는 거의 사용하지 않고 spell out한다.
(4) 전치사는 되도록이면 생략한다.
(5) open punctuation으로 쓰는 것이 일반적이다.
(6) 어느 것이나 engraved(동판인쇄)이다.
(7) 글자의 모양과 크기, 종이의 색과 크기는 취향에 따라서 다르겠지만 일반적으로는 용지는 고급품을 접어서 카드로 사용한다.
(8) 영미에서는 신부의 양친(양친이 없을 경우에는 그 후견인)이 양가의 관계자들에게 초청장과 초대장을 보내는 사람이 된다.
(9) R.S.V.P.는 「회답요망」이란 뜻의 불어인 Répondez s'il vous plait(Reply, if you please)의 약어로서 여기서는 「참석 여부 회답 요망」이란 뜻이다. 회답이 필요치 않을 경우에는 R.S.V.P.를 넣지 않으면 된다. 그러나 초대장을 받은 사람은 R.S.V.P.가 없어도 참석 여부를 알리는 것이 예의이다.

### 2. 공식 초대장에 대한 공식 회답

교회에서 거행하는 결혼식에만 초대하는 청첩장에는 참석 여부의 회답이 필요치 않으나, 피로연 초대장에 대해서는 다음과 같은 육필의 회답을 즉시 하지 않으면 안 된다.

(A) 참석할 경우

> Mr. and Mrs. Cecil Matthew Parker
> accept with pleasure
> Mr. and Mrs. Jeffrey Joseph Schulz's
> kind invitation for
> Saturday, the fifteenth of April

(B) 불참할 경우

> Mr. and Mrs. Cecil Matthew Parker
> regret that they are unable to accept
> Mr. and Mrs. Jeffrey Joseph Schulz's
> kind invitation for
> Saturday, the fifteenth of April

(C) 한 사람만 참석할 경우

> Mrs. Cecil Matthew Parker
> accepts with pleasure
> Mr. and Mrs. Jeffrey Joseph Schulz's
> kind invitation for
> Saturday, the fifteenth of April
> but regrets that
> Mr. Parker
> will be absent at that time

## 3. 비공식 청첩장

소수의 인원을 초대하는 결혼식을 위해서는 청첩장이나 초대장을 동판인쇄하여 허세를 부린다는 인상을 주지 않도록 육필의 것을 사용하는 것이 바람직하다. 그 문장은 공식 청첩장과 같아도 좋으나 보다 가족적이고 친근한 인상을 주기 위해서는 다음과 같은 Private letter의 양식이 좋다.

---

　　　　　　　　　　　　　　　　　　　　(Inside Address)
　　　　　　　　　　　　　　　　　　　　(Date line)

Dear Jane,

　　As you may have already heard, Loretta is to be married at home to Gerald Chapman on Tuesday, June the fifteenth, at eleven in the morning. We hope you and your husband will be able to join us and to stay for the breakfast① afterward.

　　　　　　　　　　　　　　　　　　　　　　　As ever,
　　　　　　　　　　　　　　　　　　　　　　　　Greta

---

[해석] 이미 들어서 알고 있겠지만 Loretta가 6월 15일 오전 11시에 집에서 Gerald Chapman과 결혼합니다. 당신과 부군께서 참석하시고 그 후의 회식에도 참석하여 주시기 바랍니다.

[주] ① breakfast는 아침 식사를 뜻하지만 결혼식 후의 점심도 breakfast라고 한다.

## 4. 비공식 청첩장에 대한 답장

(A) 참석하는 경우

> (Heading)
>
> Dear Greta,
>
>     Dick① and I are delighted with your kind invitation to Loretta's wedding and the breakfast. We wouldn't miss it② for anything in the world,③ and shall be at yours④ on Tuesday, June the fifteenth, at eleven for sure.⑤
>
>     Thank you so much for including us among the few you want to have with you at this auspicious event.
>
>                                                 Affectionately,
>
>                                                      Jane

[해석] 부군 Dick과 저는 Loretta의 결혼식과 회식에 초대된 것을 매우 기쁘게 생각합니다. 우리는 기필코 6월 15일 11시에 귀댁에 참석할 것입니다. 이번 경사에 초대되는 소수의 손님 중에 저희를 포함시켜 주신 것을 감사드립니다.

[주] ① Dick은 Richard의 Pet-name이다.
  ② I wouldn't miss it for anything은 「기회를 결코 놓치지 않겠다.」는 뜻으로, 목적이 물건일 경우에는 I wouldn't spare/lose it for anything이 된다.
  ③ in the world는 강조구이다.
  ④ at yours 「귀댁에서」, at ours 「졸가(拙家)에서」, at Mr. Kim's 「김씨 댁에서」, at the Kims' 「김씨 집안에서」.
  ⑤ for sure=surely (미국식), for certain=certainly (영국식).

(B) 불참의 경우

> (Heading)
>
> Dear Greta,
>
>     Thank you so much for your kind invitation, but Dick and I

regret extremely that we shall not be able to attend Loretta's wedding on the fifteenth of this month.

　　As ill luck① would have it between ourselves our company's president will be arriving at the Kimpo airport on the same day, and it has already been arranged by our Seoul manager that both Dick and I should be there to meet him. Otherwise② we wouldn't miss your fete③ for anything else.

　　We send our very best wishes to Loretta and Gerald, and we shall be with them in spirit on the happy day.

Fondly,<br>Jane

[해석] 초대해 주셔서 감사합니다만 Dick과 저는 이달 15일 Loretta의 결혼식에 참석할 수 없음을 애석하게 생각합니다. 공교롭게도 저희 회사의 사장이 같은 날에 김포 공항에 도착하여 Dick과 제가 그의 마중을 나가도록 서울의 부장에 의해 일정이 짜여져 있습니다. 그렇지만 않다면 귀댁의 경사에 참석할 기회를 놓치지 않을 것입니다. Loretta와 Gerald의 행복을 빌며, 그 날은 마음만이라도 그들과 함께 하겠습니다.

[주] ① as ill luck would have it은 「일이 잘 안 되려면」의 표현으로 unluckily=unfortunately와 같은 뜻이다. 반대로 「일이 잘 풀리려면」은 as luck would have it=luckily=fortunately.

② otherwise「그렇지 않다면, 다른 점에서, 다른 방법으로는」.

③ fete는 어원이 프랑스어로서 「축제, 축전, 축연」의 뜻이며, 이와 비슷한 말로 feast는 종교적이거나 사회적인 의미의 「축제일」을 뜻한다.

(C) 한 사람만 참석할 경우

June 5, 1991

Dear Greta,

How thoughtful it is of you to invite us to Loretta's wedding and the breakfast. I'll be delighted to be with you on Tuesday, the fifteenth of June, from eleven, of course.

But I am sorry to tell you that poor Dick has to be away on business at that time. He regrets it more than anything else.

In the meantime, if there is anything for which I can be of any assistance to you, I shall be only too glad to do anything.

With hearty thanks and looking forward to a pleasure of the blissful day, I am

Fondly,<br>Jane

[해석] Loretta의 결혼식과 회식에 초대하여 주신 데 대해 감사합니다. 저는 물론 기꺼이 6월 15일 화요일 11시부터 귀댁에 가 있겠습니다. 그러나 Dick은 그때, 업무로 인해 참석할 수 없음을 알려드리게 되어 유감입니다. 그는 다른 어떤 일보다도 애석하게 생각합니다. 그 동안에 제가 협조할 수 있는 일이 있다면 어떤 일이든 기꺼이 하겠습니다. 진심으로 감사하며 복된 날을 기대합니다.

## 5. Shower의 초대와 안내 메모

Shower란 결혼 직전의 신부에게 선물을 줄 신부의 친구들이나 모친의 친구들이 신부를 초대하여 선사할 물건에 대한 신부의 의견을 듣거나 전달하는 다과회를 말한다. Shower는 또한 선물을 받는 사람이 누구냐에 따라서 wedding shower, stork shower, neighborhood shower로 나누기도 하고, 선물을 받을 사람의 취향을 물어서 선사할 물건의 종류가 정해진 general shower, silver shower, linen shower, kitchen shower, larder shower 등으로 구별되기도 한다.

(A) 선물을 받을 사람을 초대하는 메모

> May 25, 1991
>
> Dear Gladys,
>   Kitchen shower for you has been fixed at 3 p.m., Saturday, May 29, at Marion's on Live Oak. About a dozen of your pals are expected.
>   Be sure to bring your mother with you.
>
>   Affectionately,
>   Janet

[해석] 당신을 위한 주방용품 Shower가 5월 29일 토요일 오후 3시, Live Oak 가의 Marion 댁에서 열리기로 결정되었습니다. 약 12명 정도의 당신 친구들이 올 것으로 기대됩니다. 당신의 어머니도 꼭 모셔 오십시오.

[주] 위의 memo는 본인에게 shower가 있다는 것을 이미 구두로 알린 후에 장소와 시간이 결정되어서 그것을 다시 통지하기 위한 것이다.

(B) Shower의 참석자를 초대하는 메모

> May 25, 1991
>
> Dear＿＿＿＿＿:
>   You are invited to a kitchen shower for Glady Mayflower at 3 p.m., Saturday, May 29, at Marion Curtis', 2518 Live Oak.
>
>   As ever,
>   Janet Wilson
>
> R.S.V.P. (Phone: 201-1023)

제4부 편지문의 실례   151

[해석] 5월 29일 토요일 오후 3시, Live Oak 가 2518번지 Marion Curtis의 집에서 Gladys Mayflower를 위한 주방용품 shower가 있습니다. 당신의 참석을 바랍니다.
　　　전화 201-1023으로 참석 여부를 알려주십시오.


## 6. 신혼부부를 소개하기 위한 다과회에의 초대장

제1면에는 host and hostess (주인측)의 이름을 Mr. and Mrs. James H. Squires와 같이 쓰고, 제2면 즉, 표지에서 셋째 페이지에는 본문을 쓴다.

```
                        Tea
                    honoring①
       their son, William and his bride, Lois
           Sunday, February twenty-eighth
                    5451 Wateka

   Four to six p.m.              Reply if declining②
```

[해석]

```
                        다과회
        저희 아들 William과 그의 신부 Lois를 소개하고자 합니다.
                    2월 28일 (일요일)
                    Wateka 가 5451번지
        오후 4시~6시           불참의 경우에는 통지를 바랍니다.
```

[주]　① honoring은 「예우하다, 주빈으로 하다」의 뜻인데, 위의 예문에서는

「~를 위한, ~를 소개하는」의 뜻이 된다. in honour of는 honoring보다 더 정중한 표현이다.

② 이러한 초대에 대해서는 회답없이 참석하면 되지만, 두 사람이 모두 불참하거나 한 사람만 참석할 경우에는 예문 (2)의 (B)나 (C)와 같이 회답하면 된다.

③ 이와 같은 간단한 초대 카드의 인쇄는 동판으로 할 필요가 없고 보통의 볼록판인쇄로도 좋다. 초대할 사람이 많지 않을 경우에는 다음과 같이 명함을 이용할 수도 있다. 회답도 또한 마찬가지이다.

〈명함을 이용한 초대〉

```
                    Tea honoring
                  William and Lois
                   Sunday, Feb. 28
                Mrs. James H. Squires
 4 to 6 o'clock
 R.s.v.p.
                                          5451 Wateka
```

〈명함을 이용한 회답〉

```
                  Accept with pleasure!
                    Sunday, Feb. 28
                        4 to 6
              Mr. and Mrs. Eugene Meyer


                                        350 Park Avenue
```

## 7. 데뷔회의 초대 카드

이것은 어떤 여성을 사교계에 소개하는 debut회의 초대장이다. 제1면(표면)에는 주최자 또는 보호자의 이름이 인쇄된다.

(접는 선)   제1면    제2면(표지에서 3페이지)
[해석]

```
                    데뷔회
              Betsy Liebling Mayo 양
                6월 28일 (금요일)
              장소 : Dallas 부인 클럽
  3시~5시              Belfort Place 4509번지로
                          회답하기 바랍니다.
```

[주] ① 여기서 Honoring은 「처음으로 사교계에 소개하는」debut의 뜻이 포함되어 있으므로 「데뷔회」로 옮겼다. 사교계나 무대 또는 연주회에 처음으로 데뷔하는 남자는 debutant, 여자는 debutante라고 한다.
② 참석 여부의 통지가 요청되고 있으므로 예문 (2)과 같이 회답을 보내면 된다.


## 8. 만찬 및 무도회의 초대 카드

(접는 선)

```
           Mr. and Mrs Harry I. Freedman
```

```
                    Mr. and Mrs. William Susman
```

제1면 (표면)

(안쪽 접는 선)

```
                    Cocktails-Dinner-Dancing
                  Saturday, February twenty-seventh
                         Columbian Club
                          Eigth o'clock
  please reply
           6206 Northaven Road or 5631 Greenbrier Drive
```

제2면 (표지에서 제3페이지)

[주] 이 카드는 Freedman 부처와 Susman 부처가 공동으로 개최하는 파티의 초대장이다. 초대에 대한 참가 여부 회답은 예문(2)를 참고하여 작성하면 된다.

## 9. 무도회의 초대 카드

이 카드는 James O. Smith, Jr. 부처가 그들의 딸 Miss Ruth Smith를 소개하기 위해 개최하는 dance party 초대장이다.

[주] ① Formal은 영국에서든 미국에서든 흰 조끼와 흰 나비넥타이의 연미복 차림으로 일치하고 있으나, Informal은 곳에 따라서 다르다. 영국이나 미국의 동북부에서는 검은 약식 야회복(tuxedo)의 착용을 뜻하고, 미국의 서부나 남부에서는 검은색 계통의 신사복(dark suit) 차림을 뜻하는 것으로 되어 있다. Semi-Formal은 Tuxedo의 착용을 의미하는 남부의 방식으로 추

정된다.

또한 정식의 연회에서는 종업원의 복장을 손님의 복장과 다른 색으로 하거나 넥타이의 색깔을 다른 것으로 하여 구별하도록 되어 있다. Texedo는 미국식 이름이고 원래의 영국식 이름은 dinner coat 또는 dinner jacket이다. 카드에 Smoking으로 적혀 있는 것은 tuxedo를 뜻하는데, 그것은 원래 smoking jacket이 tuxedo를 닮은 거실복이기 때문이다.

위의 예문은 다음과 같은 의식의 카드로 만들어도 좋을 것이다.

```
            Mr. and Mrs. James O. Smith, Jr.
                    Miss Ruth Smith
                        at Home
              Saturday, March the Thirteenth
                   Dallas Country Club
 Dancing                                    Semi-Formal
 8.00 to 11.30                               No Dates
```

[주] at Home은 반드시 자택으로의 초대를 뜻하는 것이 아니므로 위에서와 같이 club을 이용하는 경우에도 쓸 수 있다. 자택 초대의 경우에는 will be at home이라고 써도 좋다. At-Home이라고 쓰면 시작하는 시간과 마치는 시간을 정하고 그 사이에는 언제라도 출입할 수 있다는 뜻이다. Dance party나 Cocktail party의 경우에도 마찬가지이다.

위의 예들은 모두 반공식의 초대 카드인데, 완전한 공식 초대 카드는 다음과 같다.

```
            Mr. and Mrs. James O. Smith, Jr.
```

```
                    request the pleasure of
       ┌─────────────────────────────────────────┐
       │.........................................│
       │                                      ’s │
       └─────────────────────────────────────────┘
                    company at a dance
                  in honour of their daughter
                       Miss Ruth Smith
                 Saturday, the thirteenth of March
            from eight o'clock to half past eleven o'clock
                      Dallas Country Club
   Semi-Formal                                        No Dates
```

[주] 위의 카드에서 상대방의 성명을 써 넣는 행의 apostrophe s ('s)를 실제로는 인쇄하지 않고 전체 행을 공백으로 둔다. 왜냐하면 상대방의 family name 마지막 글자가 s인 경우에는 apostrophe만 붙이고 s는 생략하기 때문이다.

## 10. 비공식 만찬회 초대장

비공식적인 초대장은 친한 사람에게 보낼 수 있는 것으로서 다음과 같이 간단한 것이 좋다.

---

Dear Ada,
    Will you and your sister have dinner[①] with us at our house on Saturday, July 20, at 6 o'clock?
    Young-hee is coming home by then on the summer vacation, and she will be delighted to see[②] you.
    I do hope you will find it possible to be with us.

> Yours fondly,
> Young-sook Lee

[해석] 당신과 당신의 자매가, 7월 20일 토요일 오후 6시에 우리 집에서 함께 식사를 하지 않겠어요? 그때쯤이면 영희가 여름 방학이 되어 집으로 돌아오는데, 그녀는 당신을 보면 기뻐할 것입니다. 꼭 우리와 함께 할 수 있기를 바랍니다.

[주]  ① to have dinner=to dine, to have lunch=to lunch.
② to see는 이미 알고 있는 사람을 만나는 것, to meet는 초면의 사람을 만나는 것을 뜻한다. 그러나 이미 알고 있는 사람에 대해서도 장소나 때에 따라서 meet를 사용할 수도 있다.

[응용 예문]

◇ Will you come to lunch at our home this coming Saturday, at one o'clock?
(오는 토요일 1시에 우리 집에 점심 식사를 하러 오겠어요?)

◇ I have asked a few friends to come for tea at the coffee shop of the Prince Hotel on Saturday, March 20, at three o'clock. Will you join us?
(3월 20일 토요일 3시에 프린스 호텔 다실에서 차를 마시자고 몇몇 친구들을 불렀는데, 당신도 참석하지 않겠어요?)

◇ As I have been missing you for a long time, I should like to have you for dinner with us at our house on Saturday, March 20, at six o'clock.
(만난지가 오래되었으므로, 3월 20일 토요일 오후 6시에 당신과 함께 우리 집에서 저녁 식사를 하고 싶습니다.)

◇ I want you to meet+(인명)=I wish to have you meet+(인명)
(나는 당신이 ~를 만나기를 원합니다.)

## 11. 비공식 만찬회 초대에 대한 회답

(A) 수락의 경우

---

January 15, 1991

Dear Young-sook,

　　Daisy and I are delighted to come to your dinner on Saturday, the twentieth of July, at six o'clock.

　　Thank you so much for remembering us.

　　We particularly look forward to seeing Young-hee.

Yours sincerely,

Ada Miller

---

[해석]　Daisy와 나는 6월 20일 토요일 오후 6시에 귀댁의 만찬회에 기꺼이 참석하겠습니다. 우리들을 기억하여 주신 데 대해 감사합니다. 우리들은 특히 영희가 보고 싶습니다.

[응용 예문]

◇ I can't think of anything more pleasing than come to lunch with you on ∼ at ∼.
(귀댁의 만찬회에 참석하게 된 것을 더없이 기쁘게 생각합니다.)

◇ We accept your kind invitation to dinner on ∼ at ∼, with much delight.

◇ It will give us much pleasure to dine with you on ∼

◇ We are looking forward to a pleasant reunion.
(즐거운 회합을 기대합니다.)

(B) 불참의 경우

July 15, 1991

Dear Young-sook,

    We thank you ever[①] so much for your kind thought in inviting us to dine with you and Young-hee on Saturday, the twentieth of July. It's a pity, however, that we have already arranged with Kate and Julia Pennington to go a concert on that evening. So we are compelled reluctantly to decline your kind invitation.

    I wonder[②] if Young-hee and you can join us on that evening, if you haven't invited other guests than us. I am enclosing a program for the concert. I can reserve the seats for you if you are coming.

Sincerely yours,<br>Ada Miller

[해석] 7월 20일 토요일에 당신과 영희와 함께 저녁 식사를 하기 위해 우리를 초대하신 친절에 대해 감사합니다. 그러나 애석하게도 우리들은 그날 저녁에 Pennington 가(家)의 Kate와 Julia와 함께 연주회에 가기로 이미 약속이 되어 있습니다. 그래서 당신의 친절한 초대를 사양하지 않을 수 없습니다. 만약 초대한 사람이 우리들 뿐이라면 그날 저녁에 영희와 당신이 우리와 함께 갈 수는 없을까요? 연주회의 프로그램을 동봉합니다. 만약 갈 수 있으시다면 좌석을 예약할 수 있습니다.

[주] ① ever는 「언제나, 끊임없이, 대단히」 등의 뜻인데, 본문에서와 같이 강조하는 뜻으로 자주 사용된다.
② I wonder if/whether ~는 가벼운 의문을 나타내는 표현이다.

[응용 예문]

◇ It's awfully nice of you to invite us to dinner, but I regret immensely to tell you that~.
  (이 문장은 구어적이다. awfully와 같은 구어적인 단어는 정중한 편지에

서는 사용하지 않는 것이 좋다.)
◇ I am very grateful for your kind invitation to lunch and I wish I could accept it, but unfortunately I must～.
◇ We are so sorry that we cannot accept your kind invitation for Saturday because of another engagement.
(다른 약속 때문에 귀하의 친절한 토요일 초대에 응할 수 없음을 대단히 미안하게 생각합니다.)

(C) 한 사람만 수락하는 경우

July 15, 1991

Dear Young-sook,

    I am thrilled at your kind invitation to dinner on Saturday, the twentieth of July, and at the expectation of seeing Young-hee. I will be there at six o'clock.

    Daisy, however, has a previous engagement with a few friends of hers, much to her regret. So I will come by myself.

    Looking forward to the pleasure of seeing you all, I remain,

Yours sincerely,

Ada Miller

[해석] 7월 20일 토요일의 만찬에 친절히 초대하여 주신 것과 영희를 만날 기대로 떨리는 마음입니다. 6시에 그곳에 가겠습니다. 그러나 Daisy는 그녀의 몇몇 친구들과 선약이 있어서 애석하게도 참석하지 못한답니다. 저 혼자 가겠습니다. 여러분들을 만날 기쁨을 기대합니다.

## 12. 신축 피로연 초대장

(A) 약식의 초대 카드

---

Mr. and Mrs. Hak-sung Kim
At Home
Saturday, the tenth of April
at their new residence
115 Dangju-dong, Chongno-gu, Seoul

Two to Four o'clock                               R.S.V.P.
                                                  (712-0123)

---

(B) 공식의 초대 카드

---

Mr. and Mrs. Hak-sung Kim
request the pleasure of
……………………
company at an At-Home
Saturday, the tenth of April
from two to four o'clock
at their new residence
115 Dangju-dong, Chongno-gu, Seoul

R.S.V.P.                                  Phone 712-0123

---

이 초대장에는 전화 번호가 적혀 있으므로 참석 여부를 전화로 통지하면 된다.

(C) 비공식의 초대장

>  115 Dangju-dong
>  Chongno-gu, Seoul
>  April 1, 1991
>
> Dear Mr. and Mrs. Morris,
>  We are having a small At-home[①] party with a few intimate friends on Saturday, April 10th, from two to four, at our new house at the above address (telephone 712-0123).
>  We should[②] be very pleased if you could honor us with your company.
>  Anticipating[③] your favorable reply, we remain,
>  Sincerely yours,
>  Young-sook and Hak-sung Kim

[해석] 저희는 4월 10일 토요일 오후 2시부터 4시까지 위의 주소의 저희 새집(전화 : 712-0123)에서 몇몇 친지들을 모시고 작은 파티를 가질 예정입니다. 당신이 참석하는 영광을 주신다면 저희에겐 큰 기쁨이 될 것입니다. 승락의 회신을 기대합니다.

[주] ① At-Home과 At-home은 명사 또는 형용사적인 용법이고, At Home이나 at Home은 부사적인 용법이다. 또한 At-Home보다 규모가 크고 많은 손님을 초대하는 가정의 모임에 대해서는 Open House라고 한다. 이것은 학교와 같은 공공 시설(public facilities)에 대해서도 적용된다.

② Subjunctive mood(가정법)에서 I/we should be+(형용사) if you would+(동사)는 미래형 I/we shall be+(형용사) if you will+(동사)보다 정중한 표현이다.

③ anticipate와 expect는 같은 뜻의 말이나, 전자는 「예상하다」, 후자는 「예기하다」로 뉘앙스가 조금 다르다.

## 13. 신축 피로연의 비공식 초대에 대한 회답

(A) 수락의 경우

---

Seoul, April 3, 1991

Dear Mr. and Mrs. Kim,

    Please accept our hearty thanks for your kind invitation to your At-Home on Saturday, April 10th, from two to four.

    You may be sure[①] that we'll join you on that day to celebrate[②] the inauguration[③] of your new mansion[④].

    Thanking you again for including us among the limited number of your guests, and looking forward to the pleasure of being with you at this memorable event, we remain,

Yours sincerely,<br>David and Edith Morris

---

[해석] 4월 10일 토요일 오후 2시부터 4시까지의 귀댁 파티에 친절히 초대하여 주신 데 대해 진심으로 감사를 드립니다. 저희는 귀댁의 신축 가옥 낙성을 축하하기 위해 그날 반드시 참석하겠습니다. 한정된 초청객 중에 저희를 포함시켜 주신 데 대해 재차 감사를 드리며, 기념 행사에 동참하는 즐거움을 기대합니다.

[주] ① You may be sure는 you may rest assured 「믿기 바란다」보다 확신의 정도가 약한 표현이다.
② celebrate는 「자축하다」의 뜻이고, congratulate나 felicitate는 상대방에 대해서 「축하하다」에 뜻이다.
③ inauguration에는 「취임식, 발회, 개업, 낙성식, 제막식」 등의 뜻이 있다.
④ mansion은 대저택을 뜻하며, Executive Mansion은 White House 또는 주지사의 관저를 공식적으로 일컫는 말이다.

(B) 불참의 경우

---

Seoul, April 3, 1991

Dear Mr. and Mrs. Kim,

 We are very appreciative of your thinking of us so warmly as to include us among your selected guests for Saturday, the tenth of April. Most unfortunately, however, we shall be unable to avail ourselves of your kind invitation on account of a previous engagement for the same day.

 I have ordered the Lotte Department Store to deliver you a trifle which please accept as a humble token of our felicitation on the inauguration of your new mansion.

 With best wishes for a very jolly At-Home, in which Edith joins me,

Yours sincerely,
David Morris

---

[해석] 4월 10일 토요일의 선별적인 초대객 중에 저희를 포함시켜 주신 귀하의 친절에 심심한 사의를 표합니다. 그러나 대단히 유감스럽게도 저희는 같은 날의 선약으로 인해 귀하의 친절하신 초대에 참석할 수 없을 것 같습니다.

 귀댁으로 하찮은 물건을 배달하도록 롯데 백화점에 주문하여 놓았습니다. 신축 가옥의 낙성을 축하하는 뜻이니 받아 주십시오. 초대회가 성대한 모임이 되길 저의 아내 Edith와 함께 기원합니다.

(C) 한 사람만 참석하는 경우

---

Seoul, April 3, 1991

Dear Mr. and Mrs. Kim,

    How① considerate of you to count us among your few selected friends to be invited to your At-Home on the occasion of inauguration of your new mansion! It affords② me a great pleasure to be with you and shown③ round your new residence on Saturday, April the tenth, from two to four o'clock.

    David, however, happens④ to expect an important business visitor whom he has to take to Pusan on the same afternoon, much to his regret. So I take the liberty of⑤ coming to you by myself.

    Looking forward to the pleasure of the day,

Yours sincerely,<br>Edith Morris

[해석] 귀하의 새로운 저택 낙성을 기념하는 귀댁의 모임에 초대하신 소수의 선택된 친구들 중에 저희를 포함시켜 주신 것은 정말 친절하신 배려입니다. 4월 10일 토요일 오후 2시부터 4시까지 귀댁의 초대회에 참석하여 새 저택을 둘러 보게 된 것은 저의 큰 기쁨입니다. 그러나 David는 매우 유감스럽게도 같은 날에 중요한 업무상의 손님을 모시고 부산으로 가지 않으면 안 된답니다. 그래서 저 혼자만 참석하기로 하겠습니다. 그날의 즐거운 모임을 기대합니다.

[주] ① 감탄문에는 주어와 술어 동사가 필요하지 않다. How comsiderate of you it is to count us 와 같이 완전한 문장으로 감탄문을 만들면 감탄하는 느낌이 약하게 된다.

② I can afford it는 「나는 그것을 할 여유가 있다」 또는 「나는 그것을 할 힘이 있다」 등의 뜻인데, It afford me pleasure는 It gives me pleasure와 같은 뜻이 된다.

③ to be shown round는 「안내를 받아서 둘러 보다」의 뜻이고, I will show you to the place는 「당신을 그곳으로 안내하겠다」 또는 「안내하여 보여 주겠다」의 뜻이다.

④ happen to ~ 는 「우연히 ~ 하다」.
⑤ I take the liberty of 는 「실례를 무릅쓰고 (외람되게) ~하다」.

## 14. 송별회의 안내장

(Heading)

Dear Mr. _____

　Our good old classmate, Yun-ho Kim, is leaving Korea toward① the end of this month to assume his new assignment as manager of Los Angeles Branch of his company. Wishing him good luck and bon voyage②, his fellow old boys③ are going to have a farewell party in his honour on Saturday, May 9th, at 6 p.m. at the Riverside Hotel Club. The fee will be ₩ 20,000 per head.④

　We hope you will be able to join us. Your early reply by the enclosed post card will be appreciated.

Yours sincerely,

Kyongnam High School 1991 ALUMNI in Seoul

Young-seop Choi

for⑤ the Sponsors

[해석] 우리들의 좋은 옛 클래스 메이트, 김윤호 씨가 그의 회사의 로스앤젤레스 지점장으로 새로이 부임하기 위해 이달 말경에 한국을 출발합니다. 그의 행운과 즐거운 여행을 비는 뜻에서 옛 동창생들이 그를 위해 5월 9일 토요일 오후 6시에 강변 호텔 클럽에서 송별회를 가질 예정입니다. 회비는 1인당 2만원입니다. 당신이 참가할 수 있기를 바랍니다. 동봉한 엽서로 곧 회답하여 주시면 감사하겠습니다.

재경 1991 경남고 동창회

[주] ① toward(영국식은 towards)는 「~의 방향으로, ~무렵에」.
② bon voyage는 불어로서 「좋은 여행」이란 뜻인데 「무사히 잘 다녀 오라」는 인사말이기도 하다. 성공과 행운을 기원하는 뜻의 영어로는 Godspeed가 있다.
③ old boy는 「동창생」의 영국식 표현이고, 미국식으로는 alumnus(복수 : alumni)이다. 동창회는 old boys association 또는 alumni association이다.
④ per head=by heads=per person. per capita는 통계 용어이다.
⑤ for=on behalf of는 「~을 대신하여, ~을 위하여, ~을 대표하여」.

# 제7장  선물의 수수(授受)와 관련한 편지
## Re Gifts and Acknowledgements

gift와 present는 거의 같은 뜻으로 사용되고 있으나, 어떤 사전에 의하면 gift는 개인 또는 단체에 대한 정식의 증여물이고, present는 손아래 사람이나 동연배 또는 대등한 관계의 사람에 대한 증여물이라고 되어 있다. 그러나 실제로는 이와 같은 구별을 하지 않고 혼용하고 있다.

축하의 선물에 관한 편지는 제1장(축하장과 답례장)에서도 다룬 바가 있다.

### 1. 귀국하는 친구에게 선물을 주며

Taegu, June 20, 1991

Dear Jennifer:

　A group of Korean girls[①] in the class, who have been specially intimate with you, have got together to write you this letter to express how much we have enjoyed your friendship and we hate[②] to see you going. As a matter of fact[③], we have been proud to have you among us. We also know you will not forget us and hope you will write to us once in a while.

　As a memento for you to remember us, we have jointly made up the accompanying doll, and hope you will like it.

> Wishing you bon voyage and all the best of health and luck in your native place, we are.
>
> Yours as ever,<br>Kim Young-Sook

[해석] 클래스에서 특별히 너와 친했던 일단의 한국 여학생들이 모여서 너의 우정을 그리는 마음과 너를 보내는 섭섭한 마음을 표현하기 위해 이 편지를 쓴다. 사실, 우리들은 네가 우리들 중에 있다는 것이 자랑스러웠어. 우린 네가 우리들을 잊지 않을 것으로 알고 있단다. 가끔씩 편지를 보내 주길 바래.

너에게 우리를 기억하게 하는 하나의 기념품으로서 우리는 이 편지와 함께 인형을 마련했다.

즐거운 여행과 너의 고국에서의 건강과 행운을 빌어.

[주] ① girls는 복수이므로 그 관계대명사 who에 따른 동사 have been은 복수가 좋고, A group은 단수이므로 이에 따른 동사는 단수의 has got이 옳은 것이 아닌가 하고 생각하면 매우 복잡하게 된다. 그러나 Company (회사)를 복수로 취급하는 것과 같이 여기서도 A group을 복수로 취급하는 것이다.

② hate는 「증오하다」의 뜻인데, 구어에서는 regret를 강조한 말이 된다.

③ As a matter of fact는 「실제로」의 뜻 외에도 「실제로는」과 같이 앞의 말을 부정하는 뜻으로도 사용된다. In fact는 위의 뜻 외에도 「요컨대, 즉」 등의 뜻이 있다.

## 2. 송별의 편지와 선물에 대한 답장

Seoul, June 22, 1991

Dear Friends:

I was raptured truly beyond expression to receive your kindly joint letter and the conjointly[①] hand-made exquisite doll. I can never forget your warm hearts which prompted you to invent such a unique idea. The doll embodies such a kind heart of each of you and will speak it to me every day wherever I am.

The two years I spent with you all in and outside the school has been the pleasantest period in my life. I will cherish this memory forever. However, now that the world is getting smaller and smaller, I may come back here again or perhaps some of you may have opportunities of visit with me in the States[②]. How nice it would be to see each other again.

With kindest regards and heartfelt thanks to each of you, I am,

Affectionately yours,

Jennifer Meyer

[해석] 너희들의 친절한 공동의 편지와 함께 만든 정교한 인형을 받고 매우 기뻤단다. 그와 같은 독특한 생각을 낸 너희들의 친절을 결코 잊을 수 없을 거야. 그 인형에는 너희들 각자의 마음이 새겨져 있어서 내가 어디에 있든 지간에 날마다 나에게 그것을 말해 줄거야.

학교의 안과 밖에서 너희들과 함께 지낸 2년간은 나의 생애에 있어서 가장 즐거웠던 시절이었어. 나는 이 기억을 영원히 간직할거야. 그러나 오늘날의 세계는 점점 좁아져 가고 있으므로 내가 다시 이곳에 오게 되거나 또는 너희들 중의 누구인가가 미국에서 나를 방문하는 기회가 있을 수도 있겠지. 우리들이 서로 다시 만난다면 얼마나 좋을까! 너희들 모두에게 진심으로 대단히 고맙게 생각한다.

[주] ① joint(ly)와 conjoint(ly)는 같은 뜻인데, 같은 말이 반복될 때에는 다른 단어를 사용하는 것이 좋다.
② the States는 the United States of America의 생략이다.

## 3. 자택에서 수확한 감을 보내며

Taegu, October 9, 1991

Dear Mr. Williams,

You have been long enough in Korea to know the taste of persimmons, I guess. I like this fruit best of all that grow in Korea. I have a number of persimmon trees in my orchard and they are fruiting very well this autumn[①].

As my son is going outing in your direction on this Hangul (the Korean alphabet) Proclamation Day, I am asking him to deliver you a basket of persimmons from my orchard. If you and your family like them, I will send you some more before the trees become bare.

Yours sincerely,
Dae-ho Lee

[해석] 당신은 한국에서 오랫동안 살았으므로 이제 감의 맛을 아실 것입니다. 나는 한국에서 자라는 과일 중에서 감을 가장 좋아합니다. 나의 과수원에는 몇 그루의 감나무가 있는데 올 가을에는 과실이 많이 달렸습니다.

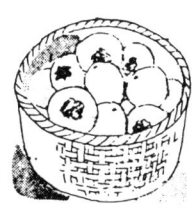

한글날인 오늘 나의 아들이 귀하의 집 방향으로 외출을 하므로 나는 그에게 나의 과수원에서 수확한 감 한 광주리를 당신에게 배달해 주도록 부탁하였습니다. 당신과 당신의 가족이 그것을 좋아한다면 감이 다 떨어지기 전에 조금 더 보내 드리겠습니다.

[응용 예문]

◇ I went to Chuncheon for fishing yesterday and had a pretty good cat-

ch. So I take a pleasure in sending you herewith a basket containing various kinds of fish as if specimens.
(나는 어제 춘천에 낚시를 갔는데, 퍽 많은 고기를 잡았습니다. 그래서 마치 표본인 것처럼 갖가지 고기들을 광주리에 담아서 당신에게 보냅니다.)

◇ A friend of mine in Taegu has sent me a box of apples, noted for their good taste. Allow me to re-present[2] you herewith a portion of them.
(대구에 있는 나의 한 친구가 맛이 좋기로 유명한 사과 한 상자를 보내 왔습니다. 그 중의 일부를 당신에게 보냅니다.)

[주] ① autumn「가을」을 미국에서는 fall이라고 한다.
② re-present는「다시 증정하다」즉,「얻은 물건을 다시 다른 사람에게 주다」의 뜻이며, hyphen이 없는 represent는「대표하다, 표현하다」의 뜻이다.

### 4. 감을 받고 감사하는 편지

Taegu,
October 9, 1991

Dear Mr. Lee,

  Thank you so much for the basketful of beautiful persimmons from your orchard, which your son was kind enough to bring to us this morning. I didn't know your orchard yielded[1] such splendid fruit[2]. And they taste even better than they look. Our holiday dinner today became luxurious with the addition of such unexpected delicious dessert.

I agree with you that the persimmon is the best of all fruits that grow in Korea, and I think that the Korean persimmon is the sweetest fruit in the world.
　　I repeat my thanks, in which my family join me.

　　　　　　　　　　　　　　　　　Sincerely yours,
　　　　　　　　　　　　　　　　　Stephen Williams

[해석] 귀댁의 과수원에서 난 아름다운 감 한 광주리를 오늘 아침에 당신의 아들이 우리들에게 가져 왔습니다. 대단히 감사합니다. 귀댁의 과수원에서 이렇게 훌륭한 감이 나는 줄 몰랐습니다. 이 감은 보기보다 맛이 더 좋습니다. 휴일인 오늘 우리집의 저녁 식사는 뜻밖에 맛있는 디저트가 준비되어 호사스런 것이 되었습니다. 한국에서 나는 과실 중에 감이 가장 좋다는 당신의 말에 동감이며, 한국의 감이 세계에서 가장 감미로운 과일이라고 생각합니다. 우리 가족과 함께 거듭 감사를 드립니다.

[주]　① yield는「산출하다, 양보하다」등의 뜻인데 명사로는「소출, 수확」등의 뜻이다.
　　② fruit는 단독적으로는「하나의 과일」을 뜻하고 집합적으로는「과일의 한 종류」를 뜻한다. fruits는「여러 종류의 과일」을 뜻한다.

## 5. 관광선으로부터 고향의 가족에게 보내는 편지

　　　　　　　　　　　　　　　　　　　15th May, 1991
Dear Rosalind,
　　Our boat arrived at Pusan by way of Tokyo, Taipei and Hong Kong early this morning. It's a beautiful city spread over gentle slopes with people so agreeable. As soon as the boat was moored at a quay[①], I went out in a sight-seeing bus with other passengers.

After Korean style lunch in a large guest house near the sea shore, we had a shopping stroll. There were so many small shops full of attractive articles and curios that I wished I could stay here for a few days. But the boat is leaving tomorrow evening for Sydney.

At one of those shops, I bought a small pearl brooch for you and asked the shopkeeper to post② it to you. I hope it will reach you safely and be found to suit your liking.

My next tidings③ will be from Sydney. So long until then.

Lovingly yours,

Shirley

[해석] 우리들의 배는 도쿄, 타이페이, 홍콩을 거쳐서 오늘 아침 일찍이 부산에 도착했습니다. 부산은 완만한 경사 위에 펼쳐진 아름다운 도시로서 사람들도 상냥합니다. 배가 부두에 정박하자마자 나는 다른 선객들과 함께 관광 버스를 타고 나갔습니다.

해변 가까이 있는 큰 영빈관에서 한국식 점심 식사를 한 후에는 쇼핑 산책을 하였습니다. 사고 싶은 상품들과 골동품이 가득찬 조그만 상점들이 많이 있어서 얼마 동안 머물고 싶지만 우리들의 배는 내일 저녁이면 시드니를 향해 떠납니다.

한 상점에서 언니를 위해 작은 진주 브로치 하나를 사서 상점 주인에게 우편으로 보내 주도록 부탁해 놓았습니다. 그것이 안전하게 언니에게 도착하기를 바라며, 또 언니의 취향에 맞는 것이길 바랍니다.

다음 소식은 시드니에서 보내겠습니다. 그때까지 안녕히 계십시오.

[주] ① quay는 「선창, 부두」, pier는 「부두, 잔교」, wharf는 「선창, 하륙장」인데 모두 같은 뜻으로 사용된다.

② 「우편」 또 「우송하다」는 영국에서는 post, 미국에서는 mail을 사용한다.

③ tidings (소식, 편지)는 항상 복수형을 취하는데 이것을 받는 동사는 단수, 복수 모두 좋다.

## 제8장  조위문과 그 답장
Condolences, Sympathies and Acknowledgement

사망을 통지하는 부고에 관해서는 제4장 (통지장)의 예문 (16)~(20)에서 예시하였다.

### 1. 상처한 친구에게 보내는 조위문

>
> Little Rock, Arkansas
> March 30, 1991

Dear Edward:

    I was shocked at the sad news by your letter. It is unbelievable that your beloved wife is no more on earth[①]. Especially my heart aches to think of your grief[②] in instantly losing your life partner, even without being able to exchange parting words. I wish I could share your sorrow if it would give you and relief.

    A diversion of environment might help soothe your mental pain. So I suggest that[③] you come over here at any time you are disposed to and stay with us or in our cottage as long as you like. I would enjoy your company in fishing, hunting or motoring.

    Beatrice is asking me to convey her sincere condolences and sympathy to you

> Yours sincerely,
> Conrad Ellis

[해석] 저는 당신의 편지로 전해진 슬픈 소식에 충격을 받았습니다. 당신의 사랑하는 부인께서 별세하셨다니 믿어지지 않습니다. 작별의 말을 나눌 수도 없이 졸지에 인생의 반려자를 잃은 당신의 슬픔을 생각하면 가슴이 아픕니다. 나는 당신의 슬픔이 경감될 수만 있다면 그 슬픔을 함께 나누고 싶습니다.

환경을 바꾸는 것이 당신의 심적인 고통을 덜어주는 데 도움이 될지도 모르겠습니다. 그래서 당신이 의향만 있으시다면 언제라도 이곳으로 와서 저희와 함께 있던지, 아니면 별장에서 머물기를 제의합니다. 당신과 함께 낚시나 사냥이나 또는 드라이브를 하면 좋을 것으로 생각합니다.

Beatrice도 당신에게 위로의 말을 전해 달라고 부탁했습니다.

[주] 이 편지는 제4장 예문 (16)에 대한 답장이다.
① on earth=in the world 「지상에서, 세상에서」의 뜻으로, 의문을 나타내는 강조구로 사용될 경우에는 「도대체」의 뜻으로 사용된다.
② grief는 단기적이고 강한 슬픔을 뜻한다. sorrow는 보다 장기적인 비애를 뜻한다.
③ I suggest that you+(동사)는 관용적 표현이다. 이것을 I suggest you to~라고 말하지는 않는다.

## 2. 조위문에 대한 감사 편지

> April 7, 1991
>
> Dear Conrad:
> Thank you so much for your kind letter. To a battered mind nothing is more consoling than sincere sympathy of a true friend. I

read your letter over and again① and felt each time my heart was warmed.

It is extremely thoughtful of you to invite me to your home for a diversion of mind. I think it will do② me a lot of good. So I have decided to take advantage of your kindness.

I am going to apply to③ the executive④ office in New York for a special leave for about a fortnight, and as soon as⑤ it is granted I will fly over to your place.

In the meantime, I remain,

Gratefully yours,

J. Edward

[해석] 당신의 친절한 편지, 대단히 감사합니다. 타격을 받은 마음에 참된 친구의 성실한 위로보다 더 위안이 되는 것은 없습니다. 나는 당신의 편지를 거듭 읽었는데 읽을 때마다 위로를 받았습니다.

기분의 전환을 위해 저를 당신의 집으로 초청하여 주신 것은 정말 친절한 배려입니다. 그것은 저에게 여러 모로 유익할 것으로 생각합니다. 저는 당신의 친절한 제의를 받아들이기로 결정하였습니다.

저는 뉴욕의 본사에 약 2주간의 특별 휴가를 신청하려고 합니다. 허락이 되면 곧 당신에게로 가겠습니다.

[주] ① over and again=over and over=again and again (자꾸 반복하여)

② do me/you a lot of good는 「나/당신에게 매우 유익하다」로, 이 경우 good는 명사이다.

③ apply to + 간접 목적 for + 직접 목적은 「~에 ~을 신청하다」로, apply의 용법은 이 밖에도 다음과 같은 예들이 있다.

• Apply X ray to a cancer (암에 X 광선을 쬐다). • Apply this oil to that machine (저 기계에는 이 기름을 사용한다). • This interpretation applies also to the other case. (이 해석은 다른 사건의 경우에도 적용된다.)

④ executive [igzékjətiv], execute [éksəkjùːt]의 발음에 주의. 미국의 대통령 관저는 흔히 the White House라고 하지만 the Executive Mansion이 정식 명이다.

⑤ as soon as는 「~하자마자, ~하는 즉시」의 뜻으로 Upon ~ ing도 같은 뜻의 표현이다.

### 3. 딸을 잃은 친구에게 보내는 편지

> August 7, 1991
>
> Dear Mr. Lee,
>
>     With a great regret and profound lament, I have just received your sad announcement. I can well understand the grief and sorrow afflicting you and Mrs. Lee in the loss of your beloved daughter, but I cannot adequately express my feeling. I can only say that your beloved daughter's naive soul will rest peacefully for ever between her father and mother.
>
>     I excedingly regret that I shall not be able to attend the funeral tomorrow on account of an official engagement. In my stead, my wife will pay the last tribute to Miss Lee.
>
>     I hope too great a grief will not prostrate your health.
>
>                                 Sincerely yours,
>
>                                   D. H. Platt.

[해석] 당신으로부터의 비보를 방금 받고 애도의 마음을 금할 길이 없습니다. 사랑하는 딸을 잃은 당신과 부인께서 비탄한 마음으로 괴로와 하실 것으로 알지만 저의 심정을 표현할 적당한 말을 찾을 수가 없습니다. 저는 다만 영애의 순진한 마음이 아버지와 어머니의 사이에서 영원히 평화롭게 쉴 것이라고 말할 수 있을 뿐입니다.

저는 내일 공무상의 약속으로 인해 장례식에 참석할 수 없음을 매우 죄송스럽게 생각합니다. 대신에 저의 아내가 영애에게 마지막 조의를 표할 것입니다.

너무 큰 슬픔이 당신의 건강을 손상시키지 않기를 바랍니다.

[응용 예문]

◇ I am deeply grieved by(to hear)~
(나는 ~에 의해 소식을 듣고 깊은 슬픔을 느낍니다.)

◇ I sincerely sympathize with you in the irreparable void in your heart caused by the loss of your darling daughter.
(영애를 잃음으로 인한 당신의 공허함에 마음으로부터의 동정을 드립니다.)

◇ We are overshadowed by sorrow at the woeful news of sudden passing of your beloved husband and our endeared friend.
(당신의 사랑하는 부군이며 우리들의 경애하는 친구의 돌연한 죽음을 알리는 비보에 우리들은 슬픔을 가눌 길이 없습니다.)

◇ I hasten to send you hereby my reverent condolence and sincere sympathy over your grievous bereavement.
(우선 이 편지를 통해 당신의 비통한 사별에 대해 삼가 위로의 말을 전합니다.)

◇ Please accept this floral offering in token of my deep respects to the deceased.
(고인에 대한 저의 깊은 존경심의 증표로써 이 꽃을 받아 주십시오.)

◇ I shall deem it a great favour if you will kindly accept the enclosed memorial offering as a humble token of my recompense for the kindness your late father accorded me.
(당신의 작고하신 아버지께서 저에게 베풀어 주신 친절에 대한 보답의 뜻으로 부의(賻儀)를 동봉하오니 받아 주시기 바랍니다.)

[주] 서양에서는 부의를 보내는 관습이 없다.

## 4. 조위문에 대한 공식 답장

Personal letter에 의한 조위문에 대해서는 유족도 Personal letter로 감사의 회신을 하는 것이 예의이겠지만, 실제로 그렇게 하는 것이 여의치 못한 경우에는 다음과 같이 인쇄된 카드를 사용해도 무방하다.

(A) 양식의 감사장

> Mr. and Mrs. Seong-ho Kim
> wish gratefully to acknowledge
> your kind expression of sympathy

(B) 상대방의 성명을 써 넣는 반개인적인 양식

> Mr. and Mrs. Lester A. King
> wish to express their appreciation of
> 육필로 쓴 상대방의 이름 's
> sympathy in their recent bereavement

(C) 감사장을 보낼 사람의 수효가 많지 않거나 인쇄할 시간적 여유가 없는 경우에는 적당한 기성의 카드를 구해서 서명하여도 좋다. 다음은 그 실례의 하나이다.

> Your kind thoughts
> and expressions of sympathy
> are deeply appreciated

and gratefully acknowledged

| The Family of Carl F. Bartz | 서  명 |

이상의 세 경우와 같은 카드에서도 상대방에게 특별히 개인적인 인사를 해야 할 필요가 있을 경우에는 다음과 같은 단문을 써 넣을 수도 있다.

◇ Thank you for your beautiful flowers.
◇ Thank you for all your kindness.
◇ Thank you for your heart-warming message.
◇ Thank you for your heartfelt consolation.
◇ I cannot half tell you how much all your loving kindness has meant to me.(당신의 애정어린 친절이 저에게는 얼마나 귀한 것인지 말로 다 표현하지 못하겠습니다.)

## 5. 회사간의 조위문

May 7, 1991

(Inside Address)
Gentlemen :
    It is with great sorrow that we received your telegram of May 6th informing us of the decease[1] of your Mr. G. H. Platt. When we heard[2] of his illness last November, we did not think it was so serious and hoped that he would recover soon. Therefore, we were shocked and greatly surprised to receive this grievous news.
    We distinctly remember him as a grand old gentleman. We es-

pecially recall his visit to our country in 1991, when he came to make a thorough study of our market, there-by contributing materially to the enhancement of our mutual relationship. His death is lamented by all of us here as an immense loss③ to our business.

It is sincerely hoped that④ the cordial relationship which he has always taken care to foster between our two companies will continue as ever.

Please convey our deepest sympathy to the bereaved family.

Sincerely,

BUMYANG TRADING CO., LTD.

Sang-Soo Kim

[해석] Platt 씨의 별세를 알리는 5월 6일자 전보를 접수했습니다. 지난 해 11월에 그분께서 편찮으시다는 소식을 들었을 때에는 그렇게 위독한 줄을 모르고 곧 회복되기를 기원했습니다. 그래서 저희들은 이 통탄할 소식에 접하여 충격을 받고 크게 놀랐습니다.

저희는 그분을 당당한 노신사로서 뚜렷이 기억하고 있습니다. 저희는 특히 그분이 1991년에 저희 시장을 철저히 조사하기 위해 저희 나라를 방문하여 양사의 관계를 강화하는 데 크게 기여한 일을 회상합니다. 이곳의 저희 모두는 그분의 별세를 우리 업계의 큰 손실로 여겨 애통히 생각하고 있습니다.

고인께서 항상 관심을 가지셨던 양사의 우호관계가 변함없이 계속되기를 충심으로 희망합니다.

유가족에게 저희의 깊은 애도의 뜻을 전해 주시기 바랍니다.

[주] ① decease와 death는 모두 「죽음, 사망」을 뜻하나 전자가 후자보다 더 formal한 표현이다. 또 death는 「죽은 상태」를 나타내는 데 비해 decease는 「죽는 현상」을 나타낸다.

② hear of ~ 「~의 소식을 듣다」, hear from ~ 「~로부터 편지를 받다」.

③ loss의 뒤에 붙은 전치사 to에 유의한다. a loss of our business라고 하면

다른 뜻이 된다.

④ It is sincerely hoped that는 We sincerely hope that을 수동태로 한 것인데, It로 시작하는 수동태의 문장은 that 이하의 사실이 객관적으로 느껴지고, We로 시작되는 문장은 that 이하의 사실이 주관적으로 느껴지는 뉘앙스의 차이가 있다.

---
**Lincoln의 Gettysburg 추도연설문 중에서**

It is rather for us to be here dedicated to the great task remaining before us—that from these honored dead we take increased devotion to that cause for which they gave the last full measure of devotion—that we here highly resolve that these dead shall not have died in vain—that this nation, under God, shall have a new birth of freedom—and that government of the people, by the people, for the people, shall not perish from the earth.

---

[해석] 우리들은 오히려 우리들에게 남겨진 위대한 과업에 헌신하기 위해 여기에 생존하여 있습니다. 즉, 이들 명예로운 전사자들로부터 우리들은 그들이 최후의 전력을 다해 헌신하였던 명분에 대해 한층 더한 애착을 이어 받는 것이며—이들 전사자들의 죽음을 헛된 것으로 하지 않기 위해 우리들은 여기에 숭엄히 결의하는 것이며—이 나라가 신의 가호 아래에 새로운 자유의 탄생을 획득하는 것이며—그리고 국민의, 국민에 의한, 국민을 위한 정부는 지구상에서 멸망치 않는다는 것입니다.

[주] 1863년 6월말에서 7월초까지 있었던 게티스버그의 격전은 남북전쟁의 승패를 가리는 분기점이 되었다. 그 격전지에 전사자의 묘지가 서고, 11월 19일의 위령식에서 링컨의 유명한 추도 연설이 행해졌다. 위의 문장은 그 연설의 마지막 부분으로서「국민의, 국민에 의한, 국민을 위한 정부」라는 불멸의 명구가 거기서 생겨난 것이다.

## 제9장  소개장과 추천장
## Letters of Introduction and Recommendation

### (1) 사교상의 소개장(Letter of social introduction)

　소개장은 업무상의 것이든 사교상의 것이든 소개하는 사람의 도의적 책임 내지 경우에 따라서는 법적 책임이 따르는 것이므로 소홀히 주고 받아서는 안 될 것이다. 더우기 사교상의 소개장은 그것을 써 준 사람과 받을 사람 사이의 친분이나 신의도 등에 따라서 미묘한 문제가 생길 수가 있다. 이에 관해서 Emily Post는 그의 유명한 저서 《Etiquette》에서 다음과 같이 기술하였다.

　"~a letter of social introduction is actually a draft for payment on demand. The form might as well be, "The bearer of this has (because of it) the right to demand your interest, your time, your hospitality—liberally and at once, no matter what your inclination may be". Therefore, it is far better to refuse in the beginning than to hedge and end by committing the greater error of unwarrantedly inconveniencing a valued friend or acquaintance."

　[해석] 사교상의 소개장은 실제로 일람불 약속 어음과 같은 것이다. 그 양식은 "소개장의 지참인은 (소개장에 의해서) 귀하의 의향과 상관없이, 귀하의 관심과 시간과 환대를 자유롭게 즉각적으로 요구할 권리를 지닌다"와 같이 되어도 좋다. 그러므로 소중한 친구나 아는 사람을 부당하게 불편하도록 만드는 큰 실수를 범하여 우의에 금이 가기보다는 처음에 거절하는 쪽이 훨씬 낫다.

사교상의 소개장은 소개를 받을 상대방에 대해서 뿐만 아니라 소개되는 사람에 대해서도 그 소개장이 없는 것으로 해서는 안 되는 구속력을 갖는 것이므로 쌍방에 대해서 바람직스러운 결과가 예상될 경우에 한해서만 소개장을 써야 할 것이다.

## (2) 사교상 소개장의 취급 방법

소개장에는 직접 소개장과 간접 소개장의 두 가지 형태가 있다. 소개장의 수신인은 어느 경우에도 피소개자가 면회할 상대방이 된다. 직접 소개장의 경우에는 소개하는 사람이 소개장을 개봉된 상태로 피소개자에게 전하고 피소개자가 그것을 그 자리에서 잘 읽은 다음에 소개자의 면전에서 봉하도록 해야 한다. 또 소개자는 상대방이 피소개자의 성명을 알아보기 쉽도록 소개장의 겉봉(왼쪽 하단)에 introducing Mr. John F. Williams 와 같이 드러나게 적는다.

업무상의 소개장은 그 사본을 상대방에게 보내어 예고하는 수도 있지만, 사교상의 소개장일 경우에는 소개하는 사람이 미리 편지를 써서 소개받을 상대방에게 보내어 소개장의 내용과 피소개자의 인적 사항을 예고하지 않으면 안 된다.

피소개자와 상대방이 모두 격식을 차리지 않아도 될 사람인 경우에는 소개자가 자기의 명함에다 introducing Mr.~와 같이 써서 피소개자에게 주는 약식의 방법도 있으나, 이 경우에도 편지로 미리 예고해 두는 편이 좋을 것이다.

   a) 남자를 부인에게 소개하는 소개장의 경우 : 남성의 피소개자는 즉시 부인의 집으로 가서 소개장과 자신의 명함을 건네 주고 당사자인 부인은 만나지 않고 돌아와서 기다린다. 그러면 그 부인이 곧 차나 식사에 초대하는 것이 예의로 되어 있다.

   b) 피소개자가 부인인 경우, 또는 상대방이 남성인 경우 : 피소개자는 소개장을 상대방에게 우송하고 답장을 기다린다. 부인을 부인에게 소개하는 경우에 상대방의 부인이 피소개자에게 명함을 두고 돌아갔을 때에는, 피소개자도 소개될 상대방에게 명함을 두고 온다. 그런 다음에 가정으로의 초대가 된다.

남성을 남성에게 소개하는 경우에는 피소개자를 소개받은 사람이 전화로 피소개자를 초대하여도 좋다. 이 경우의 초대하는 장소는 가정이 아닌 클럽이나 레스토랑이 되어도 좋다.

소개장을 받은 사람이 언제까지나 모른 체하고 있는 것은 피소개자에 대해서는 물론이고 소개한 사람에 대해서도 큰 실례가 되며 경우에 따라서는 우의에 손상을 입을 수도 있다. 또 피소개자가 소개장을 사용하지 않는 것도 그 소개장을 써 준 사람에 대해 큰 실례가 되는 일이다. 그러므로 특히 해외에 출장이나 여행을 할 때 소개장을 지참하고 나갔을 때에는 어떤 사정으로 인해 그 상대방과의 면회를 일방적으로 취소하는 경우에는 최소한 그 사유를 상대방에게 통지는 해야 할 것이다.

## 1. 반공식의 소개장

Dear Mrs. Marks :　　　　　　　　　　　(Date)

　　Julian Gibbs<sup>*</sup> is going to Buffalo on January tenth to deliver① a lecture on his Polar② expedition, and I am giving him this note③ of introduction to you. He is a very great friend of ours, and I think that perhaps you and Mr. Marks will enjoy meeting him as much as I know he would enjoy knowing you.

　　With kindest regards, in which Arthur joins,

　　　　　　　　　　　　　　　　　　Very sincerely,
　　　　　　　　　　　　　　　　　　Ethel Norman

[해석]　Julian Gibbs가 그의 극지 탐험에 관한 강연을 하기 위해 1월 10일 버팔로에 갑니다. 저는 그에게 이 소개장을 지참시킵니다. 그는 저희들의 귀한 친구로서 부인과 부군을 알게 되는 것을 즐거움으로 여길 것이므로 부인께서도 그와의 만남을 즐거워 하시리라고 생각합니다.

부군과 함께 안부를 전합니다.

[주] ① deliver a lecture/a speech/an address 「강연, 연설하다」.
② Polar는 「극지의」 뜻이고, 북극은 Arctic(North) Pole, 남극은 Antarctic(South) Pole이다.
③ note of introduction은 letter of introduction보다 약식의 소개장이다.

## 2. 소개 명함에 의한 상대방에의 통지장

```
                              (Date)
Introducing Julian Gibbs

          Mr. Arthur Lees Norman
```

예문 1이 부인이 부인에게 보내는 소개장인데 비해 이것은 남성이 남성을 소개하는 명함이다. 이 경우 소개자는 상대방에게 다음과 같은 통지장을 보낸다.

---

Dear Marks,                                    (Date)
　　I am giving Julian Gibbs a card of introduction to you when he goes to Buffalo on the tenth to lecture. He is delightfully[①] entertaining and a great friend of ours. I feel sure that Mrs. Marks would enjoy meeting him. If you can conveniently ask[②] him to your house, I know he would appreciate it; if not, perhaps[③] you will put[④] him up for a day or two at a club.
　　　　　　　　　　　　　　　　　　　　　Faithfully,

| Arthur Norman |

[해석]  Julian Gibbs가 강연을 위해 10일에 버팔로로 갈 때, 저는 그에게 당신 앞으로 된 소개 명함을 지참시킵니다. 그는 매우 쾌활한 성격으로서 저희들의 귀한 친구입니다. 저는 부인께서 그를 만나면 즐거우실 것으로 확신합니다. 편의대로 그를 귀댁으로 초대하신다면 그는 대단히 감사히 여길 것입니다. 만약 여의치 못하시다면 그를 하루나 이틀 동안 클럽에서 묵도록 해도 될 것입니다.

[주]  ① delightful과 entertaining은 같은 뜻인데, delightfully entertaining은 뜻을 강조한 표현이다.
② ask one to는 여기서 「초대하여 묵게 하다」의 뜻이다.
③ perhaps you will~ 은 가볍게 요청하는 표현이다.
④ put up은 「묵게 하다」, put one up은 「~를 묵게 하다」, put one up at 은 「~를 ~에 숙박시키다」.

## 3. 비공식 소개장

| My dear① Catherine,                                   (Date)
  I am giving this letter to Arthur Newling, a great friend of ours, who is going to be in Chicago the week of January seventh.
  I want very much to have him meet you, and hope that this will find you in town.②
                               Affectionately,
                                 Martha Kindhart |

[해석]  저는 이 편지를 저희의 친한 친구인 Arthur Newling에게 지참시켜 보냅니다. 그는 1월 7일부터 일주일간을 시카고에서 있을 예정입니다.

저는 그를 당신에게 소개시키고 싶습니다. 이 편지가 당신이 멀리 출타중이 아닌 때에 전해지길 바랍니다.

[주] ① formal letter의 salutation은 Dear Mr.~이고, informal letter의 salutation은 My dear~ 인 점에 유의하라.
② in town은 여기서 집으로부터 멀리 떠나 있지 않고「시내에 있는」의 뜻이다.

## 4. 소개장의 상대방에게 보내는 통지

My dear Catherine                                   (Date)

    I have sent you a letter introducing Arthur Newling. He is young (35 or so), good-looking, very good company, and an altogether likable person.

    He has only one flaw. He does not play a very good game of bridge—which is not important; but, knowing the game you play, it is only fair to him, as well as① to you, to ask you to invite him to something other than cards.

    I know you will like him (you would like him even at the card table, for that② matter, but less than otherwise).

                                  Affectionately,
                                  Martha Kindhart

[해석] 당신에게 Arthur Newling을 소개하는 편지를 보냈습니다. 그는 젊고 (35세 정도), 미남이며, 좋은 교우로서 매우 마음에 드는 사람입니다.
    그는 단 한 가지 약점이 있습니다. 브리지 게임을 잘 하지 못합니다만 그것이 중요한 것은 아닙니다. 그러나 당신의 게임 실력으로 볼 때, 그를 카드

외의 다른 목적으로 초대하도록 부탁을 드리는 것이 당신을 위해서나 그를 위해서나 공평하리라고 봅니다.

저는 당신이 그를 좋아하리라고 믿습니다(카드 게임을 하셔도 그는 마음에 드는 사람이겠지만 다른 것을 하는 것 보다는 못할 것입니다).

[주] ① as well as는 그 앞에 오는 말이 중요하고 그 뒤의 말은 부수적인 의미를 지닌다. 예 : He has good command of English as well as of Korean. 「그는 한국어뿐만 아니라 영어도 잘 구사한다.」, Mother, as well as Sisters, is out,은 「자매들뿐만 아니라 어머니도 외출했다」인데, 여기서 주어는 Mother이므로 동사가 단수가 된다. 또 다른 표현으로는 Not only Sisters, but Mother also is out. 또는 Besides Sisters, Mother is also out 도 역시 같은 뜻이다.

② for that matter=so far as that goes는 「그 점에 있어서는, 그것에 관한 한」의 뜻이다.

### 5. 유학생을 소개하는 편지

Seoul, September 10, 1991

Dear Mr. Smith:

Allow me to introduce to you the bearer,[①] Mr. Kyu-ho Song, son of an intimate friend of mine, who is going to your city toward the end of this month for study.

He graduated from the Institute of Technology, the Hanyang University in March last and is going to major in electronics in the Graduate School[②] of University of California. His lodging has already been arranged near the school by his acquaintance[③] in the American Cultural Center in Seoul.

One favor[④] I should like to ask[④] of you is that you will please be good enough⑤ to act as⑥ his sponsor if he needs one and if not inconvenient to you. I can assure⑦ you that he will not give you any trouble but should anything⑧ happen to him by any chance, I will take the consequence upon myself and hold⑨ you entirely free⑨ from it.

 Hoping this will find you in good health and spirits, I am,
Yours sincerely,<br>Dal-hoo Lee

[해석] 이 편지를 지참한 송규호군을 소개합니다. 그는 저의 절친한 친구의 아들로서 이달 말경에 공부하기 위해서 그곳으로 갑니다.
 그는 지난 3월에 한양대학교 공과대학을 졸업하고 캘리포니아 대학교의 대학원에서 전자공학을 전공할 예정입니다. 그의 숙소는 이미 서울의 미국 문화원에 있는 그의 친지에 의해서 학교 가까운 곳으로 정해졌습니다.
 한 가지 귀하께 호의를 청원하는 것은 만약 그가 보증인이 필요한 경우 폐가 되지 않으시다면 보증인이 되는 친절을 베풀어 주십사하는 것입니다. 그가 귀하에게 아무런 폐를 끼치지 않을 것이라는 것은 제가 보증하며 만약에라도 그에게 어떤 일이 일어난다면 그 결과에 대해서는 전적으로 제가 책임져서 귀하에게 폐가 되지 않도록 하겠습니다.

[주] 이 편지는 사교상의 소개장과는 조금 다르며, 특정의 목적을 지닌 점에서 업무상의 소개장에 가깝다.
 ① bearer(지참자, 소지자)는 여기서 bearer of this letter의 뜻이다.
 ② graduate school=postgraduate course=graduate course「대학원」.
 ③ acquaintance는 「아는 사람, 친지」의 뜻이다.
 ④ I ask a favor of you는 「당신의 호의를 요청한다, 선처를 바란다」 등의 뜻인데, I ask you for a favor도 같은 뜻의 표현이다. 상대방을 생략하는 경우에는 I ask for a favor가 된다.
 ⑤ be good enough to~ 는 「친절하게도 ~하다」의 뜻으로 말하는 사람의

욕망이 충족되기에 족한 것을 나타내는 말이다. 의문문은 Will/Would you be good(kind) enough to~? 로 된다.

⑥ to act as~는 「~역을 하다, ~로 행동하다」 등의 뜻으로, 「햄릿으로 출연하다」는 act Hamlet이라고 한다.

⑦ assure는 도의적으로 「보증하다」, guarantee는 상업적 또는 법률적으로 「보증하다」의 뜻이다.

⑧ should anything happen=if anything happens.

⑨ I will hold you free from~는 「~에 관해 당신의 책임을 묻지 않겠다」의 뜻으로, 업무상의 문서나 법률상의 문서에서는 I(We) will hold you free and harmless from~으로 쓰며 자주 사용된다.

[응용 예문]

◇ I take the liberty of introducing to you~
(실례를 무릅쓰고 ~를 소개합니다.)

◇ I have the honour to introduce to you~
(~를 소개하게 되어 영광입니다.)

◇ I have the pleasure of(I take a pleasure in) introducing to you~
(~을 소개하게 되어 기쁩니다.)

◇ It is with a great pleasure that I introduce to you~
(~를 소개하게 되어 매우 기쁩니다.)

◇ This is(This will serve) to introduce to you~
(이 편지로 ~를 소개합니다.)

◇ I wish to commend to your kind acquaintance ~ bearing this letter.
(이 편지를 지참한 ~를 소개합니다.)

◇ As he will be quite a stranger there, any assistance you may afford him will be much appreciated by me as well as by himself.
(그는 그곳에는 완전히 익숙치 못한 사람이므로 어떤 도움이든지 그에게 주실 수 있다면 그는 물론이고 저도 감사하겠습니다.)

◇ Any courtesy you may show her will be considered a personal favor

to me.
(어떤 호의든지 그녀에게 베풀어 주신다면 저에 대한 개인적인 호의로 생각하겠습니다.)

◇ I know how busy you are with your new job, so please don't regard this as an obligation. But if you have any free time, do give her a call at the Statler. I know once you've met her you will really enjoy her company. Anything you can do will be sincerely appreciated on my part and on Matilda's also.
(새로운 직업으로 바쁘실 줄 압니다. 그러므로 이 소개장에 대해 부담을 갖지는 마십시오. 그러나 시간이 있으시다면 Statler 호텔에 있는 그녀에게 전화를 주시기 바랍니다. 저는 당신이 그녀를 한번 만나면 그녀와의 교제를 즐기시리라고 확신합니다. 당신이 베풀 수 있는 어떤 호의도 Matild는 물론이고 저도 충심으로 감사하겠습니다.)

◇ I've asked him to give you a call since he has no definite address as yet. Of course, I would never have taken this liberty if I hadn't been sure you would enjoy the meeting. I'll really appreciate any kindness you can show, and I know Mark will, too.
(그는 아직 확정된 주소가 없으므로 당신을 방문하도록 요청하였습니다. 물론 당신이 그와의 만남을 즐기시리라고 확신하지 않았다면 저는 결코 실례를 무릅쓰지도 않았을 것입니다. 당신이 그에게 베풀 수 있는 어떤 친절에 대해서도 저는 마음으로부터의 감사를 드릴 것이며, Mark도 감사히 생각할 것으로 믿습니다.)

## 6. 아들을 대리로 보내는 소개장

Seoul, July 6, 1991

Dear Mr. Jacobson,

I am sending you this note per[1] my son Jong-hoon to receive the book you so kindly offered to give me.

I was to call on you today, but am feeling slightly indisposed, so please excuse this liberty.

You need[2] not worry about my health. It's only a cold and I'll be all right in a day or two.

Yours sincerely,<br>Chang-sik Song

[해석] 귀하께서 친절히 저에게 주시기로 말씀하신 책을 인수하기 위해 저의 아들 종훈에게 이 편지를 지참시켜 보냅니다.

오늘 제가 귀하를 방문해야 하지만 몸이 조금 불편하여 이렇게 실례를 하게 되었습니다.

저의 건강에 대해서는 염려하지 마십시오. 감기에 걸린 것에 지나지 않으므로 하루나 이틀이면 낫게 될 것입니다.

[주] ① per는 「～에 의한, ～에 위탁하여」의 뜻으로 라틴어이다.
② need not는 do not need to의 뜻인데 부정문이나 의문문의 경우에는 need와 다음 동사 사이에 to를 넣어서 조동사처럼 사용한다.

## 7. 제막식에 장남을 대리로 출석시키는 소개장

Pyŏngtaek, June 25, 1991

Dear Mr. Mayor,[1]

I have the honour to introduce to you the bearer of this letter, my eldest son George Middleton.

As my wife and I have been suddenly called to Seoul by our

Ambassador for some meeting, I regret very much that we shall not be able to attend tomorrow's inauguration of the Cenotaph.② So I should like to ask for your permission to let George be present at the ceremony in my place③ and read my congratulatory message.

　Soliciting your generous consideration of the above liberty, I am, your Honor,

　　　　　　　　　　　　　　　　　　Respectfully yours,
　　　　　　　　　　　　　　　　　　Austin Middleton

[해석] 이 편지를 지참한 저의 장남 George Middleton을 소개하게 되어 영광입니다.

　저의 아내와 저는 저희 대사로부터 갑자기 부름을 받고 회합을 위해 서울에 가게 되었으므로 내일 기념비 제막식에는 유감스럽게도 참석할 수 없겠습니다. 그래서 저를 대신하여 저의 아들이 제막식에 참석하여 저의 축사를 대독하도록 허락하여 주시기를 바랍니다.

　이 외람된 청을 너그러이 고려하여 주시기 바랍니다.

[주]　① Dear Mr. Mayor는 반공식의 Salutation이고, 공식의 경우에는 Sir, 비공식의 경우에는 Dear Mayor ~로 쓴다. 시장에 대한 서면상 및 봉투상의 수신 인명은 His Honour The Mayor를 제1행에, City Hall을 제2행에, 그 아래에 주소를 적는다.

② cenotaph는 기념비(monument) 또는 위령비의 뜻이고, 고유명사로는 런던에 있는 제1차 세계 대전 위령비 the Cenotaph를 말한다.

③ in one's place(stead)=in place(stead) of one「~의 대리로, ~를 대신하여」, instead of one도「one의 대신에」라는 뜻이지만 one이 아니라는 배제적인 의미로서 다소 뉘앙스가 다르다.


## (3) 간접 소개장

이것은 소개하는 사람이 소개장을 피소개자에게 지참시키지 않고 직접 상대방에게 발송하는 소개장이나 추천장 또는 통지장 등을 말하며, 그 내용은 피소개자에게 알릴 수도 있고 알리지 않을 수도 있다. 즉, 쓰는 방식에 따라서 직접 소개장과 같이 상대방과 피소개자에 대해서 obligation (부담 또는 의무)를 주는 경우도 있다. 그러나 아는 사람의 이동을 단순히 알리거나 또는 막연히 추천하는 목적뿐일 경우에는 쌍방에 대해 obligation을 주어서는 안 되므로 경우에 따라서는 직접 소개장보다도 바람직한 소개 방법이라고 할 수 있다.

## 8. 친구를 간접적으로 소개하는 편지

Seoul, November 20, 1991

Dear Mr. Baker:

    One of my university chums, Hak-su Kim, is going to your city shortly[①] to open a liaison office there of his company, Pacific Trading Company, Ltd.

    I have given him your business address and told him he might call on[②] you for[②] assistance in case of need.

    However, you need not bother about[③] contacting him until he comes to meet you, as I know you are busy and so[④] will he be for the time being.

    Mr. Kim has fairly good command of English as he lived in New York for a couple of years not so long ago. He is very enjoyable sort[⑤] of man to associate with.

    I hope you and your family are doing well.

Sincerely,

Sŏng-ho Lee

[해석] 나의 대학 친구인 김학수가 그의 회사, 태평양 무역 주식회사의 사무소를 개설하기 위해 얼마 안 있어 당신의 시로 갑니다.
　　나는 그에게 당신의 영업소 주소를 알려주고 필요한 경우에 도움을 청하라고 일러줬습니다.
　　그러나 당신은 바쁘고 그도 당분간은 바쁠 것이므로 그가 당신을 만나러 오기 전까지는 연락을 취하는 배려를 할 필요가 없습니다. 김씨는 얼마 전에 뉴욕에서 약 2년간 살았으므로 영어는 잘하는 편입니다. 그는 사귀어 볼 만한 사람입니다.
　　당신과 당신 가족의 건강을 빕니다.

[주]　① shortly=before long=in the near future=soon.
　　② call on ~ for는 여기서 ask ~ for(의뢰, 요청하다)와 같은 뜻이다.
　　③ bother about는 「걱정하다, 근심하다」, Don't bother=Don't worry=Never mind「걱정하지 말라」.
　　④ 「나도 그렇습니다」(So do I), 「그도 그렇습니다」(So is he) 등과 같이 「~도 역시~하다」의 표현에서는 주어와 동사가 역순으로 된다.
　　⑤ sort of=kind of 는 「~종류의, ~부류의」의 뜻으로, I am a kind(sort) of sick(blue). 와 같이 of 다음에 형용사를 넣는 구어적인 용법도 있다.

## (4) 추천장(Letter of Recommendation)

　　추천장에는 본인의 의뢰에 의해 상대방에게 보내거나 상대방의 조회에 응답하여 보내는 특정인(specific 또는 individual) 앞으로 작성되는 것과, 하나의 증명서와 같이 불특정인 앞(General 또는 In blank)으로 작성되는 것이 있다. 전자는 우리말의 추천장에 해당되는 반면, 후자는 피추천인의 고용주가 될 상대방의 조회에 응해 쓰는 것으로서 신원보증서에 해당된다. Reference는 조회, 조회선(照會先 ; 보증인, 추천인), 조회서(보증서, 추천장) 등, 뜻이 여러 가지가 있어서 혼돈되기 쉬우므로 사용하지 않는 것이 좋다고 생각된다.
　　추천장이나 소개장, 조회서 등은 상대방과 본인 사이에 좋은 관계가 맺어질 수 있도록 작성되어야 하겠으나, 작성자로서는 피추천인에 대해 도의적 책임 내지 경우에 따라서는 법적인 책임도 지게 되는 것이므로 나쁜 점을 쓸 필요는 없겠으나 거짓을 써서는 안 될 것이다. 또한 추천장에는 본인의 전직 이유와 추천의 목적을 반드시 써야 한다.

## 9. 요리사에 대한 추천장

---

                                         Two Hundred Park Square
    Selma Johnson has been in my employ as cook for two years and a half.
    I have found her honest, sober,① industrious, neat in her person as well as her work, of amiable disposition, and a very good cook.
    She is leaving—to my great regret—because I am closing my house.
    I shall be very glad to answer personally any inquiries about her.

                                                Josephine Smith
    February, 1991           (Mrs.② Titherington Smith)

---

[해석]  Selma Johnson은 저희 집에서 2년 반 동안 요리사로 고용되어 있었습니다. 저는 그녀가 정직하고 침착하고 근면하며, 일을 하는 데 있어서 뿐만 아니라 인품에 있어서도 단정하며, 상냥한 마음씨의 훌륭한 요리사라고 느껴 왔습니다. 유감스럽게도 저희 집이 문을 닫기 때문에 그녀가 떠나게 되었습니다. 그녀에 대한 어떤 문의에 대해서도 기꺼이 개인적으로 대답해 드리겠습니다.

[주]  이 추천장은 불특정(general)의 추천장이므로 Salutation과 Complimen-

tary close가 없다.
① sober는 「술에 취하지 않은」의 뜻으로 가장 많이 사용되나 여기서는 「온건한, 침착한」의 뜻으로 사용하였다. Are you sober?는 「취하지 않았느냐?, 바른 정신이냐?」의 뜻이고, Sobriety는 「금주, 절주, 절제」등을 뜻하는 명사이다.
② 기혼녀는 일반적으로 본명으로 서명하지만 그 신분을 분명히 밝히기 위해서는 괄호 안에 누구의 아내라는 것을 적는 것이 보통이다. 친한 사이의 상대방에 대해서는 물론 이것을 적을 필요가 없다.

## 10. 가정부에 대한 추천장

>    Eva Smith was with us for the past three years as a housekeeper. She is trustworthy, pleasant, good with children, and a fine laundress.[①] We are truly sorry that our moving to another state necessitated her leaving our employ. I shall be happy[②] to answer any inquiries about Eva.
>
>                                            Anne Walker Willis
>        (Date)                         (Mrs. Edmund G. Willis)

[해석] Eva Smith는 지난 3년간 가정부로서 저희와 함께 지냈습니다. 그녀는 믿음직스러운 사람으로서 명랑하고 어린이들을 잘 다루며 세탁을 잘 합니다. 저희가 다른 주로 이사를 하기 때문에 그녀가 이직하지 않을 수 없게 된 것을 저희는 매우 섭섭하게 여깁니다. 그녀에 관한 어떤 조회에 대해서도 기꺼이 답하여 드리겠습니다.

[주] ① laundress는 세탁부(婦), laundrer는 세탁부(夫) 또는 세탁소, laundryman은 세탁소의 주인이나 고용인을 뜻한다.

② I shall be pleased (happy 또는 delighted to ~)는 「나는 기꺼이 ~하겠다」의 뜻인데, pleased가 가장 약한 표현이고 delighted가 가장 강한 표현이다.

업무상의 불특정(general) 추천장에는 수신 인명을 적을 곳에 To Whom It May Concern이라고 적는 것이 보통이지만 위의 예문과 같은 가정적인 추천장에서는 이와 같이 딱딱한 문구를 사용하지 않는다. 불특정 추천장에는 Salutation과 Complimentary close가 필요치 않다는 것은 이미 설명하였다.

### 11. 가정 교사 고용에 관한 조회장

January 12, 1991

Dear Mr. Houser :

    Miss Suzanne Belafonte, who responded① to my want ad② for a governess③ for my four-year old son, showed me your references given her. Although they should be sufficient to prove her reliability, I should like to hear a little more of her from you personally, by way of precaution.④

    Any information you may give in this respect would be highly appreciated and will, of course, be treated as confidential.⑤

Yours sincerely,

T. R. Reid

[해석] 나의 4살 된 아들을 위한 여자 가정 교사 구인 광고에 응모한 Suzanne Belafonte 양이 당신의 추천장을 나에게 보였습니다. 그것은 비록 그녀의 신뢰성을 증명하기에 충분한 것이겠지만 조심하는 뜻에서 당신으로부터 친히 그녀에 관해 조금 더 듣고 싶습니다.

이 전에 관해 어떤 정보든 제공하여 주시면 감사하겠으며 또 당연히 비밀로 취급하겠습니다.

[주] ① respond to(응하다, 응답하다)는 reply to(답변하다, 회답하다)보다 긍정적인 반응을 나타낸다. reply는 answer보다도 딱딱한 말이다.
② want ad는 'advertisement wanting person'의 뜻으로 「구인 광고」를 일컫는 속어이다.
③ governess는 일반적으로 입주한 「여자 가정 교사」를 뜻하나, 입주하지 않은 경우에도 역시 governess라고 한다. 남자 가정 교사는 tutor이다.
④ by way of(=for the sake of) precaution 「조심하기 위해서, 예방을 위해서」.
⑤ treat as confidential=treat confidentially 「비밀/기밀로 취급하다」.

## 12. 가정 교사를 추천하는 편지

January 14, 1991

Dear Mr. Reid:

In reply to your letter of January 12, I am pleased to inform you that I can commend Miss Suzanne Belafonte in the highest terms[①] as a governess for your son. My wife and I found her very intelligent, sincere, and always jovial, and both my girl and boy liked her very much. During all the three years of our engagement[②] of her, we never saw her in indisposed mood.[③] If anything there is that I may comment on her, she appeared just a little too masculine, but it would do rather good[④] to your boy.

We released[⑤] her only because our children got grown up. Anyway I believe you won't go wrong by hiring[⑥] her.

> Yours sincerely,
> J. P. Houser

[해석] 1월 12일자 귀하의 편지에 대한 답으로서 Suzanne Belafonte 양을 귀하의 아들을 위한 가정 교사로 천거함을 알려드리게 되어 기쁩니다. 저의 아내와 저는 그녀가 매우 지성적이고 성실하며, 항상 명랑하다고 느꼈으며, 저희 딸과 아들도 모두 그녀를 매우 좋아했습니다. 저희가 그녀를 고용하고 있던 3년 동안 그녀가 언짢은 기분이 된 것은 한번도 본 적이 없습니다. 그녀에 관해서 평을 할 점이 있다면 그녀가 다소 남성적으로 보인다는 점인데, 그것도 귀하의 아들을 위해서는 오히려 좋은 점일 수도 있을 것입니다.

저희는 단지 아이들이 성장하였기 때문에 그녀를 면직시키는 것입니다. 아무튼 귀하께서 그녀를 고용함으로써 잘 못될 일은 없으리라고 확신합니다.

[주] ① terms에는 여러 가지의 뜻이 있는데 여기서는 「표현」의 뜻으로 사용되었다. 단수형으로는 「명칭, 용어, 기간, 임기, 학기, 영업기」 등의 뜻인데, 이러한 뜻의 복수형으로도 사용된다.

② engagement의 다음에 놓이는 전치사는 「고용」의 뜻일 경우에는 of, 「약속」의 뜻일 경우에는 with, 「종사」의 뜻일 경우에는 in이 된다. 「고용」의 뜻으로는 employ, employment와 같은 뜻이다.

③ indisposed mood=indisposition으로, be indisposed는 정신적으로 불편한 것 뿐만 아니라 건강상으로 불편한 것도 표현한다.

④ do him good은 「그에게 이롭다」의 뜻인데, 여기서 good은 「이익, 바람직한 일」 등을 뜻하는 명사이다.

⑤ release에는 「풀어놓다, 방출하다, 석방하다, 해제하다, 양도하다」 등의 뜻이 있는데, 여기서는 「해고하다」는 뜻의 dismiss, discharge, fire보다 부드러운 표현으로서 사용되었다.

⑥ hire는 일시적으로 「고용하다」의 뜻이다.

## 13. 비특정인 앞으로 쓰는 추천서

To Whom It May Concern[1] :

    Mr. Hak-su Kim, who is now leaving my employ, has been in my office for the past three years, during which time he has faithfully attended[2] to his duties, proving himself to be industrious and thoroughly reliable. He is a good typist and acquainted[3] with correspondence in English.

    I can recommend him unreservedly for any position he may be offered.

Yours truly,<br>Ethel Norman

[해석] 저희 회사에서 지난 3년 동안 근무하고 이제 퇴사하려고 하는 김학수 씨는 그 동안 직무를 충실히 이행하여 왔으며 그가 근면하며 완전히 신뢰할 수 있는 사람임을 입증하여 주었습니다. 그는 훌륭한 타자수로서 영어 통신에도 정통합니다.

    본인은 그를 어떤 자리에도 추천할 수 있습니다.

[주] 미국에서는 불가피한 이유로 직장을 옮기게 되는 사람이 그 고용주로부터 추천장을 받아 가지고 떠나는 예를 볼 수 있는데 그와 같이 전고용주가 써 주는 추천장이야말로 가장 신빙성이 있고 따라서 영향력이 있는 것이 될 것이다.

① To Whom It May Concern은 「관계자 제위」의 뜻으로서 수신인이 불특정인이거나 여러 사람인 경우, 또는 사무적인 경우 등에 쓰는 Salutation에 해당되는 말이다.

② attend to~ 「~에 유의하다, (일에) 열중하다」.

③ be acquainted with~ 「~와 아는 사이다, ~를 알고 있다, ~에 정통하다」.

## 제10장 의뢰 · 신청 · 조회의 편지
## Letters of Request, Application, and Inquiry

### 1. 호텔 예약 신청

>                                    23 − 5 Sinchon-dong
>                                    Sŏdaemun-gu, Seoul
>                                    Korea
>                                    September 20, 1991
>
> The Manager
> Hilton Hotel
> New York, N. Y.
> U. S. A.
>
> Gentlemen:
>
>     Please reserve one single room with bath[1] or shower for Mr. Hak-su Kim from[2] the night of[3] October 2 through[2] the morning of October 5. An outside room is preferred.
>
>     Please confirm by wire[4], collect, to Mr. Hak-su Kim, the above address.
>
>                                         Yours truly,
>                                         Jane Ford

[해석] 욕실 또는 샤워가 있는 싱글 룸 1실을 10월 2일 저녁부터 10월 5일 아침까지 3일간 김학수 씨 이름으로 예약해 주십시오. 바깥쪽 방이면 좋겠습니다.
　　상기 주소의 김학수 씨 앞으로 예약확인을 수신인 지불 전보로 알려주십시오.

[주] ① 호텔의 방은 여러 종류가 있는데 욕실이 있는 것은 with bath, 샤워실이 있는 것은 with shower라고 하며, 한 개의 방은 single room, 두 개의 방이 연결되어 있는 것은 double room, 여러 개의 방이 있는 것은 suite라고 한다. 침대도 2인용은 a double bed, 한 방에 두 개의 침대가 나란히 있는 것은 twin beds라고 한다.
② from October 2 through October 5=for October 2nd, 3rd, and 4th =for three nights beginning October 2.
③ from the night of~는 「~일 밤부터」로서 호텔의 check in(투숙을 위해 호텔에 들어가는 것) 시기를 알리는 말이지만, 호텔의 check in은 원칙적으로 오후 6시 전에 해야 하며 만약 아무런 통지 없이 늦게 될 경우에는 예약이 취소될 수도 있다.
④ wire(명사·동사)는 telegraph를 뜻하는 구어가 문어로 사용된 것이다. 무선 전신은 wireless이지만 유선과 무선을 구태여 구별할 필요가 없는 경우에는 wire를 쓴다. cable은 해저 전신이나 무선에도 통용되는 말이지만 일반적으로는 「해외 전신」을 뜻한다. telegraph는 이들에 대한 총칭으로서 무형적인 것을 일컫고 그 유형의 message는 telegram이라고 한다. 흔히 FAX라고 일컫는 모사전송은 facsimile이라고 한다.

〈예약 신청 전신〉
　　◇ Reserve one doublebedded room with bath Saturday Sunday nights quiet room preferred reply care Hotel Silla Seoul Sung-whan Kim.
　　(오는 토요일과 일요일 밤에 2인용 침대가 있는 조용한 방 하나를 예약하여 서울의 신라 호텔에 있는 김성환에게 알려주시오.)

## 2. 호텔 예약을 취소하는 편지

---

(Heading)

(Inside Address)
Gentlemen :
　　Referring to① my letter of June 23, I am very sorry to have to withdraw my request for reservation of a single room for June 30 and July 1, as I am suddenly prevented② from being in Tokyo on those days.
　　I hope this cancellation will not cause you much inconvenience③.

　　　　　　　　　　　　　　　　　　　　　　Yours truly,
　　　　　　　　　　　　　　　　　　　　　　Yeong-Seop Kim

---

[해석]　본인이 6월 23일자 편지로 6월 30일과 7월 1일 싱글 룸 1실의 예약을 요청한 것을 취소하지 않을 수 없게 되어 대단히 죄송합니다. 갑자기 본인이 그 기간 중에 동경에 머물지 않게 되었기 때문입니다. 이 취소가 당신의 호텔에 큰 폐가 되지 않기를 바랍니다.

[주]　① Referring to ~ 「~에 관련하여」는 With reference to ~ 또는 In reference to~ 라고 해도 좋다. 위의 예문과 같이 사무적이거나 업무적인 서신에서는 전에 자기가 보낸 편지를 previous letter라고 하지 말고 날짜와 내용을 명기하는 것이 바람직하다.
　② prevent one from ~ing는 「~가 ~하는 것을 방해하다, 막다」의 뜻인데, 여기서는 수동태로 되어 있고, prevent의 주격 즉, 「이유」가 생략되어 있다.
　③ 마지막 문장은 미안함을 나타내는 인사말인데, 여기에서 much inconvenience 대신에 any inconvenience라고 쓰면 상대방의 감정을 상하게 만

들 수도 있다. 그러므로 이와 같은 형용사의 용법에도 항상 주의하지 않으면 안 된다.

## 3. 장학금 문의 편지

(Heading)

The Secretary,
　The British Council,[1]
　　Seoul.

Dear Sir,

　I am to graduate from the Liberal Arts and Science College, Seoul National University this March, and desirous to go to England to study further about environmental problems at the postgraduate course there.

　I understand that your Council offers a number of scholarships, would you be good enough[2] to give me the necessary information about them, so that I can see[3] if I am eligible to apply and also which school you could recommend?

　My father is a local barrister[4] and capable of paying for my expenses not covered by the scholarship.

　Thanking you in advance for your kind reply, I am,

　　　　　　　　　　　　　　　　　　Yours sincerely,
　　　　　　　　　　　　　　　　　　Min-Soo Kim

[해석] 저는 오는 3월에 서울대학교 문리대학을 졸업할 예정이며 대학원 과정에서 환경 문제에 관해 더 공부하기 위해 영국으로 유학을 가기를 원합니다.

제가 알기에 귀협회에서는 여러 가지 장학금을 제공하는 것으로 알고 있습니다. 제가 신청할 자격이 있는지 또한 어떤 학교를 추천하여 주실 수 있는지에 관해 제가 알 수 있도록 필요한 정보를 알려주실 수 있겠습니까?

저의 부친은 변호사로서 장학금으로 충당되지 않는 저의 비용을 부담하실 능력이 있습니다.

친절한 회답을 주시면 고맙겠습니다.

[주] ① The British Council은 The American Cultural Center (미국 문화원)에 해당하는 영국 문화 협회이며, 세계의 중요 도시에는 지부가 있다. 위의 본문은 영국 기관인 The British Council로 보내는 편지이므로 영국식인 Indented Form with Closed Punctuation으로 작성되었다. 즉 Inside Address 각 행의 끝에 comma(,)를 찍었고, 마지막 행의 끝에는 period(·)를 찍었으며, Dear Sir 끝에도 comma(,)를 찍었다.

② Would you be good enough to~?는 아주 정중한 표현이다. 가까운 사이의 사람에게 사용할 수 있는 간단한 표현으로는 Could you kindly~? 또는 Will you please~?도 좋다.

③ see if~는 「~인지를 생각해 보다, 판단하다」의 뜻이다.

④ barrister는 barrister at law의 생략으로 「변호사」의 뜻인데, 미국에서는 lawyer라고 한다.

## 4. 테니스 클럽 가입문의 편지

(Heading)

The Honorary[1] Secretary,
The Riverside Tennis Club.

Dear Sir,

I have lately② come from New Zealand to reside in this city, and should very much like to join your Club if you have vacancies.③ However, as I do not know any of your members, I shall be obliged if you will let me know whether it is possible to dispense④ with the usual introductions.⑤ As to my personal standing⑥ I may refer⑦ you to the British Consulate-General for this area.
   For your information,⑧ I was a member, and now an absentee⑨-member, of the Auckland Lawn Tennis club.

Yours truly,<br>Herbert Bates

[해석] 본인은 최근에 뉴질랜드로부터 와서 이 도시에 거주하고 있는데, 귀클럽에 공석이 있다면 가입하기를 희망합니다. 그러나 본인은 귀회원 중에서 아는 사람이 아무도 없으므로 통상적인 소개 절차를 면제하여 주실 수 있는지 알려주시면 감사하겠습니다. 본인의 개인적인 신분에 관해서는 이 지역의 영국 총영사관에 조회 하시기 바랍니다.
   참고로 말씀드리면 본인은 Auckland Lawn 테니스 클럽의 회원이었으며 현재는 그 부재 회원입니다.

[주] ① honorary는 명예직을 뜻하는 형용사이므로 「명예로운」이라는 뜻의 형용사 honorable과 혼동하지 않도록 주의해야 한다.
   ② lately=of late=recently 「근래에, 최근에」
   ③ vacancy는 「공석, 결원, 공허」 등의 뜻이다.
   ④ dispense는 「분배하다, 시여하다, 약을 조제하다」 등의 뜻인데, dispense with는 「면제하다, 불필요하게 만들다」의 뜻이다. dispensary=pharmacy 「약국, 조제실」, dispenser=pharmacist 「약제사」.
   ⑤ usual introductions는 클럽이나 단체에 입회할 때 기성 회원의 소개에 의해서 가입하는 절차를 말한다.
   ⑥ standing=status는 「신분, 지위, 상태」 등을 뜻한다. 「재정 상태」라고 할

때는 financial standing으로 표현한다.

⑦ I may refer you to~=You may refer to~ about myself는 「나에 관해서 ~에게 조회하여 보라」는 뜻이다.

⑧ for your information은 「당신의 참고를 위해」의 뜻이고, for your reference는 보다 한정적인 「당신의 참조/조회를 위해」의 뜻이다.

⑨ absent는 형용사이나 absentee는 「결석자, 부재중, 재외자」 등을 뜻하는 명사이다.

## 5. 구인 광고에 대한 취직 신청서

(Heading)

(Inside Address)

Gentlemen:

    Having seen your advertisement in today's the Korea Times for a secretary, I hasten to write this letter of application for the post.

    I am a graduate of[①] Seoul City Commercial College. There I completed all the work of the secretarial course including stenography[②] and typewriting. I also attended the Korea Business Institute and further improved my shorthand and typewriting.

    Now my speeds are: shorthand 120 words per minute and typewriting 100. Languages I speak and write other than Korean are English and Japanese.

    I shall be much obliged if you will accord me an opportunity of interview.

                                  Yours very truly,

Phone: Seoul 587-1410[③]             Jong-Soo Kim

[해석] 오늘 코리아 타임즈에서 비서를 구하는 귀사의 광고를 보고 그 자리를

위한 신청서를 서둘러서 씁니다.
　저는 서울 시립상과대학 졸업생입니다. 저는 이 대학에서 속기와 타자 등을 포함한 모든 비서 교과 과정을 이수했으며, 한국 비지니스 학원에서 수강도 하여 속기와 타자 실력을 향상시켰습니다. 저의 지금 속기 속도는 1분에 120단어, 타자 속도는 1분에 100단어입니다. 한국어 외에 말하고 쓸 수 있는 언어는 영어와 일어입니다.
　면접의 기회를 주신다면 대단히 감사하겠습니다.

[주]　① I am a graduate of～=I am graduated from～.
　② stenography「속기」, stenographer「속기사」, shorthand도 역시「속기」의 뜻인데 명사로도 쓰이고 동사로도 쓰인다.「보통의 필기」는 longhand =handwriting라고 한다.
　③ 이런 편지에서는 자기의 연락처(전화, 주소)를 반드시 제시해야 한다.


## 6. 병원의 소개를 의뢰하는 편지

Novato, May 15, 1991

Dear Mr. Russell:

　My wife is due to give birth around the middle of July next. At first she wanted to go to San Francisco, where her parents live, for confinement,[①] but it has been found that maternity beds in hospitals in that vicinity would be crowded around that time. Therefore, we have decided to have her delivery in this area.

　I remember you once told me that you had an uncle serving on the board of trustees[②] of the Novato Hospital. So I wonder if I could be favored[③] with his influence in reserving a maternity-room there. His card introducing me to the hospital clerk[④] might do very well.

　Will you kindly excuse my impudence in troubling you in such an awkward matter?

Yours sincerely,<br>Min-ho Chang

[해석] 저의 아내는 7월 중순경에 출산할 예정입니다. 처음에 그녀는 분만을 위해 그녀의 양친이 계시는 샌프란시스코로 가기를 원했지만 그 지역 병원들의 산실이 그 무렵이면 혼잡할 것으로 압니다. 그래서 저희는 이 지역에서 출산하기로 결정하였습니다.
　저는 당신이 언젠가 노바토 병원의 이사회에 당신의 숙부님이 계시다고 말씀하신 것을 기억합니다. 그 병원의 분만실을 예약하는 데 그의 힘을 빌릴 수 있을런지요? 그 병원의 사무장에게 저를 소개하는 그의 명함이 있으면 잘 될 것 같습니다.
　이렇게 성가신 일로 괴롭히는 저의 경망을 너그럽게 용서하여 주십시오.

[주]　① confinement는 「제한, 감금」 등의 뜻인데 여기서는 「해산」의 뜻으로 사용되었다. delivery=birth 「출산」.
② trustee는 재단 법인, 학교 법인, 병원 법인 등의 「이사」를 뜻하며, Board of Trustees는 「이사회」이다.
③ be favored with his influence는 「그의 영향력으로 혜택을 입다」의 뜻이다.
④ clerk은 직위가 낮은 사무원이 아니라 사무장급을 뜻한다. deputy clerk 「차장」, assistant clerk 「보좌」.

## 7. 회견을 요청하는 편지

(Heading)

Dear Professor Lloyd :

　　I have a few questions I should like you to enlighten[①] me on for a book I am now writing. Therefore, I would appreciate it very much if you would kindly let me know of your convenient time and place to see me for about an hour.

　　I hope this request will not trouble[②] you too much.

Sincerely yours,

Phone : Seoul 715-6812　　　　　　　　　　　　　Yeong-Seop Park

[해석]　현재 제가 집필중인 책과 관련하여 교수님의 지도를 바라는 몇 가지 문제가 있습니다. 1시간 정도의 회견을 위해 교수님께서 편리한 시간과 장소를 알려주시면 대단히 고맙겠습니다.

　　이 청이 교수님께 큰 폐가 되지 않기를 바랍니다.

[주]　① enlighten (a person on the subject)는 「~에 관해 ~에게 가르치다」의 뜻이다.

　　② trouble=annoy=disturb 「성가시게 하다, 폐를 끼치다」의 뜻이며, 명사로도 쓰인다.

## [응용 예문]

◇ I should like to see you for your advice on a certain matter.
(어떤 문제에 관해서 당신의 의견을 듣기 위해 만나고 싶습니다.)

◇ I would appreciate your giving me an appointment to see me for a few minutes at any time and place convenient to you.
(당신이 편리할 시간과 장소에서 잠시 동안 저와 만날 약속을 해 주시면 감사하겠습니다.)

## 8. 회견 요청에 대한 답장

> (Heading)
>
> Dear Mr. Park:
>
> In reply to your letter of yesterday, I shall be pleased to see you between 7:30 and 9 o'clock in the evening, Monday, June 7th at my house.
>
> Yours sincerely,
> Horace Lloyd

[해석] 당신의 어제 편지에 대하여 답합니다. 6월 7일 월요일 저희 집에서 7시 30분부터 9시 사이에 당신을 만나면 좋겠습니다.

[응용 예문]
◇ I shall be waiting for you at 8.00 p.m. at my residence on Monday.
 (월요일 오후 8시에 저희 집에서 당신을 기다리겠습니다.)
◇ I shall be free between eight and ten Monday evening.
 (월요일 저녁 8시에서 10시 사이가 한가합니다.)

## 9. 서적 주문 편지

> (Heading)
>
> (Inside Address)
> Gentlemen:
>  "Standard Handbook for Secretaries"
>  I want to order from[1] you a copy[2] of the latest edition of the

captioned[3] book written by Lois Irene Hutchinson. In this connection, please let me know what will be the total cost[4] of it for me including the registered parcel sea-mail postage.

Upon[5] receipt of your information, I will send you a postal money order[6] for the amount.

Yours truly,<br>Jong-Soo Kim

[해석]  Lois Irene Hutchinson저 표제의 책, 최신판 한 권을 귀사로부터 주문하고자 합니다. 이와 관련하여 등기 소포 선편 등기 소포료를 포함한 합계 비용이 얼마가 되는지 알려주시기 바랍니다.

귀사의 통지를 받는 즉시 우편환으로 그 금액을 보내겠습니다.

[주]  ① order는 「주문하다」의 뜻인 동사로 사용될 경우에는 order something from~의 from 다음에 주문처를 쓰고, 명사로 사용될 경우에는 an order from＋(주문객) of (for)＋(품명)과 같이 전치사를 사용한다.
② copy는 「복사」의 뜻 밖에도 「부수」의 뜻도 있다.
③ captioned는 미국식 용어로서 「표제의, 제목의」의 뜻이다.
④ cost는 산출하여 나올 「비용」을 뜻하고, price는 이미 산출되어 매겨진 「가격」을 뜻한다.
⑤ Upon＋~ing는 「~하는 즉시, ~하자마자」의 뜻이다.
⑥ postal money order「우편환」을 미국에서는 단순히 money order이라고 한다.

## 10. 주문품의 미도착을 알리는 편지

(Heading)

Funk & Wagnalls Company

New York City

Gentlemen:

Non-arrival of "ETIQUETTE"[①]

　It has[②] already been three months since you informed me by your letter of June 10 that you were sending me the above-mentioned book by registered parcel post, but I have not yet received same.[③]

　A book I had ordered from McGraw-Hill just about the same time arrived quite a long time ago. I am afraid, therefore, that something might have happened to your book in transit[④].

　Will you trace your dispatch[⑤] and inform me of the result?

Yours truly,<br>Jin-Woo Song

[해석] 　　　　　《에티켓》의 미도착

　6월 10일자 귀사의 편지로 표제의 서적을 등기 소포로 발송했다는 통지를 받은지 이미 3개월이 지났으나 아직도 그것을 받지 못했습니다.

　거의 같은 시기에 맥그로힐 사에 주문한 책은 벌써 오래 전에 도착했습니다. 그러므로 귀사의 책은 운송 중도에서 무슨 일이 있지 않았나 걱정됩니다.

　귀사의 발송을 조사하여 결과를 알려 주시겠습니까?

[주] 　① 상업 통신문에서는 내용을 빨리 알리기 위해 Subject란을 쓰는 것을 흔히 볼 수 있다. 개인이 상사에 보내는 업무적인 편지나 공용문에서도 underline을 긋고 제목을 쓸 수 있다. Subject란의 위치는 Salutation에서 한 행을 더 띄운 아래가 된다.

　② It has already been three months=Three months have already passed. 이 문장은 현재완료시제로 되어 있는데 이 뒤에 계속되는 since 다음의 문장은 단순과거임에 유의해라.

③ same은「동일인(들), 그 일, 물건」의 뜻인데 미국식은 관사를 붙이지 않고, 영국식으로는 관사를 붙여서 the same이라고 쓴다.
④ in transit는 during transportation의 뜻이다.
⑤ dispatch는 명사로도 쓰이고 동사로도 쓰이는데,「발송, 파견」의 뜻이며, despatch로 쓰기도 한다.

## 11. 독촉한 주문품의 수취 통지

1035-15 Namhyou-dong<br>
Yongsan-gu<br>
Seoul, Korea<br>
September 16, 1991

Funk & Wagnalls Company
New York City; N. Y.
U. S. A.

Gentlemen:

    Crossing[①] my letter of Sept. 7, I have just received today the book "Etiquette" in order.[②] The parcel seems to have come via Panama Canal instead of overland. This accounts[③] for the delay: a tip[④] for your dispatch section.

Yours truly,<br>
Dong-su Kim

[해석] 9월 7일자의 저의 편지와는 서로 어긋나게도 《에티켓》을 오늘 막 무사히 받았습니다. 소포가 대륙 횡단이 아니라 파나마 운하를 경유하여 온 것 같습니다. 이 때문에 배달이 늦어진 것 같군요. 귀사의 발송계에 알려 주십시오.

[주] ① cross는 「횡단하다」의 뜻인데 여기서는 「어긋나다」의 뜻이고, cross each other라고 하면 「서로 어긋나다」의 뜻이다.
② in order=in proper condition 「지장없이, 무사히」.
③ account for~ 「~의 원인이 되다, 원인을 설명하다」.
④ tip은 여기서 「조언, 암시, 제보」 등의 뜻이다.

# 제11장 연서
## Love Letters

연서 즉 사랑의 편지는 인생에 있어서 꽃과 같은 것이다. 그래서 N. H. and S. K. Mager 공저 《The Complete Letter Writer》에서 몇 문장을 발췌하여 싣는다. 이 책에서는 연서를 쓰는 요령에 관해, 자연적 (spontaneous)이며, 성실 (sincere)하고, 이기적이 아닌 (unselfish) 마음을 미사여구를 사용하지 않고 있는 그대로 표현해야 한다고 설명하고 있다.

## 1. 여성이 남성에게 보내는 연서

Dearest Joe,                                                    (Date)

  Next to you I think mailman is my favorite person, for he brings me your wonderful letters. And your letters fill my days with sunshine and happiness.

(중략)

  Most of my lunch hour was spent at the record store looking for our favorite song. The old record has just about worn out from being played over and over again. Remember (as if you could forget!) the night we first heard it and waltzed to its lovely melody?

  Right now having just re-read your letter, I feel as if you were here with me, and I'm the happiest girl in the world at the mere

> thought of you.
>     Take good care of yourself and do rush that job!
>
>                                                    Lovingly,

[해석] 당신 다음으로 제가 좋아하는 사람은 우편 배달부입니다. 그는 당신의 멋진 편지를 저에게 가져 오기 때문입니다. 당신의 편지들은 저의 나날들을 태양의 빛과 행복으로 채워 줍니다.

(중 략)

저는 점심 시간의 대부분을 레코드 가게에서 우리들이 좋아하는 곡을 찾는 데 보냈습니다. 오래된 레코드는 틀고 또 틀어서 이제 마모가 되었습니다. 우리들이 그 곡을 처음 듣고 그 감미로운 멜로디에 맞춰서 춤추었던 밤을 잊지 않고 기억하시는지요?

방금 당신의 편지를 다시 읽었습니다. 마치 당신이 이곳에 저와 함께 있는 것처럼 느껴지며, 당신을 생각하기만 해도 이 세상에서 가장 행복한 여자인 것처럼 느껴집니다.

당신의 건강을 돌보며 그 일을 서둘러 하세요.

## 2. 남성이 여성에게 보내는 연서

> Darling Ruth,                                        (Date)
>     I think of you always and have a thousand things to say to you. But they can all be summed up in a few heartfelt words — I love you to distraction,[1] my precious fiancée.[2]
>     If[3] it weren't for your beautiful letters, each day would seem like an hour. But just when I think I cannot live another minute without you, a letter comes. Immediately it seems that you're in the room with me. I hear the sound of your beloved[4] voice saying you

love me, and I feel I am the luckiest man in the world.
　　This coming week is going to be pretty⑤ tough, since we've come to the trickiest⑥ part of the whole construction job. I'm sure I'll be able to do my part and make you proud of me, dearest. And best of all, as soon as the week has passed I'll be seeing you again.
　　A thousand thoughts of love.
Your own,

[해석] 나는 항상 당신을 생각하고 있으며 당신에게 할말이 무수히 있습니다. 그러나 그 말들은 마음에서 우러나는 몇 마디 말로 요약될 수 있습니다. 즉 나의 소중한 약혼녀인 당신을 미칠듯이 사랑한다는 것입니다.

당신의 아름다운 편지들이 없다면 나날이 1시간처럼 느껴질 것입니다. 그러나 당신없이 1분도 더 살 수 없다고 느껴질 때이면 편지가 옵니다. 그러면 곧 당신이 나와 함께 이 방에 있는 것처럼 느껴진답니다. 나를 사랑한다고 말하는 당신의 사랑스런 목소리가 들리며, 내가 이 세상에서 가장 운이 좋은 사람이라고 느껴지게 됩니다.

다음 주는 우리들의 건설공사 중에서 가장 위험한 공정이 진행되므로 조금 힘이 들 것 같습니다. 그러나 나는 나의 임무를 수행하여 당신이 나를 자랑스럽게 여기도록 만들 수 있다고 확신합니다. 그리고 무엇보다도 다음 주가 끝나자마자 당신을 다시 만나게 될 것입니다.

수많은 사랑의 상념 속에서.

[주] ① distraction에는 recreation「오락, 기분 전환」의 뜻과「정신이 산만함, 정신 혼란」등의 뜻이 있다. 발음과 철자가 비슷한 destruction「파괴」와 혼동하지 않도록 주의하라.

② fiancée는「약혼녀」, fiance는「약혼자(남자)」.

③ if it were not for~=but for~「만약 ~가 없다면」.

④ beloved의 발음 [bilʌ́vid]에 주의해라. 이와 같은 발음에는 naked[nekid], rugged[rʌ́gid] 등이 있다.

⑤ pretty는 형용사로는「아름다운, 사랑스러운」의 뜻이고, 부사로는「꽤,

제법, 자못」 등의 뜻이다.
⑥ tricky는 「교활한, 간사한」의 뜻과, 역할이나 일이 「까다로운, 솜씨가 있어야 하는」의 뜻이 있다.

### 3. 출장중에 아내에게 보내는 편지

My own dear girl,[①]                    (Date)

　Only six more towns to visit, darling, and I will be on my way home. However, it will seem a dozen[②] years before I get through them. I just can't wait to be back with you and Betty.
　I visited[③] with the[④] Petersons yesterday. You remember Johnny Peterson—we had him for dinner when he was in Janesville last year. He signed a new three-year contract, which makes the trip a bang-up[⑤] success. I have already filled up my quota for the month, and I still have a dozen good customers to see.
　It will be great to be home again! Even the best hotel seems desolate without your adorable presence.
　You'll be delighted with a little gift I picked up at Marshall Field's[⑥] yesterday. I know how you love surprises, so I won't even give you a hint as to what it is.
　Love and kisses from
　　　　　　　　　　　　　　　　Your devoted husband,

[해석] 나의 연인에게,
　이제 여섯 도시만 더 방문하면 집으로 돌아가게 되었소. 하지만 그 도시들을 다 통과하기 까지는 수십년이나 되는 것처럼 느껴지는군요. 당신과 Betty가 있는 집으로 돌아가는 것을 기다릴 수 없을 지경이오.
　나는 어제 Peterson 씨 댁을 방문했소. Johnny Peterson은 작년에 그가 자네스빌에 있을 때 우리가 만찬에 초대했던 사람으로서 당신도 기억하리라고 생각하오. 그가 3년의 신계약에 서명하여 이번 여행은 대성공이 되었다오. 나는 이미 이번 달 할당량을 채웠으나 아직도 만나야 할 좋은 고객들이 10여명이나 남아 있소.

집으로 다시 돌아가면 정말 좋을 것 같소. 사랑하는 당신이 없이는 최고급의 호텔도 황량하게 느껴진다오.

나는 어제 마샬필드에서 작은 선물을 하나 샀는데 당신이 좋아할 것 같소. 나는 당신이 뜻밖의 것을 좋아하는 줄 알고 있으므로 무슨 선물인지는 말하지 않겠소.

사랑을 보내며, 당신의 헌신적인 남편으로부터.

[주] ① 아내를 girl이라고 호칭함으로써 date하던 시절을 생각나게 하고 있다. girl에는 「소녀」의 뜻 외에도 「연인」이란 뜻도 있다.
② a dozen years와 a dozen good customers에서 dozen은 반드시 1다스를 뜻하는 것이 아니고 수가 많음을 뜻한다.
③ visit는 보통 타동사로 사용되지만 자동사로 사용될 수도 있다. visit with는 「순시하다, 구경하다, 체류하다」 등의 뜻이고, 구어적으로는 「~와 회담하다」의 뜻이다.
④ 성(family name)이 복수형으로 되고 관사 the가 붙으면 「~가, ~가문」의 뜻이 된다.
⑤ bang-up=slap-up은 속어로서 「일류의, 최고급의, 최상의」 등의 뜻이다.
⑥ Marshal Field's는 미국의 백화점 이름. (본점은 시카고에 있음).

## 4. 아내가 여행중인 남편에게 보내는 편지

Tom dear,　　　　　　　　　　　　　　　　　　(Date)
　　You are the most wonderful husband in the World! Your letter

was waiting for me when I got back from marketing[1], and it was like sudden sunshine on a cloudy day. If you were here this minute, I'd hug you to pieces.

　Time seems to just creep by when you're gone. And although I'm proud as punch[2] of the success you are having, I'm still counting the minutes till you come home.

(중 략)

　You're not the only one with a surprise. Wait till you get home and take a peek into your study! I won't say any more, but I'm sure you will like what you see there.

　Good night, my dearest. Dream of me as[3] I will of you, and wake up in the morning with the happy thought that we are one day closer to seeing each other again.

Lovingly,

[해석] 당신은 이 세상에서 가장 멋있는 남편입니다. 장을 보고 집으로 돌아오니 당신의 편지가 기다리고 있었어요. 그것은 구름이 낀 날에 갑자기 햇빛이 비치는 것과 같았어요. 만약 당신이 이 순간에 이곳에 있었다면 포옹을 했을 거예요.

　당신이 계시지 않을 때는 시간이 기어 가는 것 같군요. 당신의 성공에 대해서는 매우 자랑스럽게 생각하지만, 전 아직도 시간을 세며 당신이 집으로 돌아 오실 날을 기다리고 있어요.

(중 략)

　당신이 놀라워 하실 일도 있어요. 집으로 돌아 오셔서 당신의 서재를 보실 때까지는 기다려 주세요. 저는 더 이상 말하지 않겠지만, 당신이 보시게 되면 좋아할 것이라 확신해요.

　편히 주무세요. 저도 당신의 꿈을 꾸겠으니 당신도 제 꿈을 꾸시고 아침에는 우리들이 만날 날이 하루 더 가까워졌다는 즐거운 생각과 함께 잠을 깨세요.

[주]  ① marketing에는「시장에서 물건을 구입」한다는 뜻과「시장에서 물건을 팔기」의 반대되는 2가지 뜻이 있다.
② proud as punch는 속어적인 표현으로「아주 자랑스러운」의 뜻이고, pleased as punch라고 하면「아주 즐거운」의 뜻이 된다.
③ as I will~는「나도 ~할 것이므로」의 뜻인데, 여기서는「내가 ~할 것과 같이」의 뜻이다.

### 5. 아내에게 사과하는 편지

Marge, sweetheart,                                    (Date)

Please write and say you forgive[①] me. It was all my fault that we quarreled, and I'm heartbroken that my love has caused you unhappiness.

It's not that I don't love you, darling, but that I love you so much that my heart rather than my head is my master.

Say you still love me as I adore[②] you, for without your love I am a man without life.

Devotedly,

[해석] 나를 용서한다고 말하는 편지를 써 주기 바라오. 우리들의 말다툼은 전적으로 나의 잘못이었소. 나의 사랑이 당신을 불행하게 한 원인이라고 생각하니 마음이 아프다오.

나는 당신을 사랑하지 않는 것이 아니라 너무나 사랑하기 때문에 이성보다 감정이 앞선 것 같소.

내가 당신을 사랑하듯이 당신도 나를 여전히 사랑한다고 말해주오. 당신의 사랑이 없는 나의 삶이란 있을 수 없기 때문이오.

[주]  ①「용서하다」는 뜻의 말도 여러 가지가 있는데 forgive는「죄를 용서하

다」, excuse와 pardon은 「실수를 용서하다」의 뜻이다.
② as I adore you는 여기서는 「내가 너를 사랑하는 것과 같이」의 뜻이다.

# 제5부
# 부　록

# 제1장  서식의 실례

## 1. 이력서(Personal History)

과거에는 라틴어로 Curriculum Vitae라고 하던 것이 오늘날에는 Personal History 또는 Personal Record라 한다. 그 양식은 반드시 일정한 것은 아니고 제10장 예문 5와 같이 편지의 형식을 취한 것도 있고, 한국식 이력서와 같이 나열식으로 작성되는 것도 있다. 다음은 한국식 이력서를 영역한 스타일로 된 것인데, 실제로는 이와 같이 긴 이력서가 필요치 않은 경우가 많으므로 필요에 따라서는 항목을 취사 선택하여 작성해야 할 것이다.

```
                    PERSONAL HISTORY
Name:               Chang-su Kim
Sex:                Male
Date of Birth:      January 30, 1955.
Family Relation:    Second son of In-hoo Kim
Family Status①:     Married, Have one child.
Permanent Domicile: 1072-82, Namhyon-dong,
                    Yongsan-gu, Seoul, Korea.
Present Address:    21-2, Chung-dong, Chung-gu, Seoul, Korea
                    (Telephone: Seoul 702-1000)
Education⑤:         Finished the three-year course at Seoul
                    Senior High School in 1975.
                    Graduated from the Seoul College of
```

Commerce, Seoul, receiving the degree of Bachelor of Commerce in 1979.

Finished the post-graduate course at the same College, receiving the degree of Master of Economics in 1982.②

Occupation⑥ :  Joined③ Universal Trading Co., Ltd., in April, 1982 and was assigned to the Machinery Export Division, serving in that position up to this date.

Award :  None
Punishment :  None④
References :  Prof. Changwoo Lee, Seoul College of Commerce, Seoul.

Mr. Sangchul Kim, Director of Universal Trading Co., Ltd., Seoul.

I affirm⑦ that the above statement is true and correct in every respect.

Seoul, March 5, 1991　　　　　　　　　Chang-su Kim

[해석]

履　歷　書

姓　　名 :　金昌秀
性　　別 :　男
生年月日 :　1955年 1月 30日
家族關係 :　金仁浩의 次男
家族狀態 :　旣婚, 一男
本　　籍 :　서울特別市 龍山區 南峴洞 1072-92

| 住　　所： | 서울特別市 中區 貞洞 21-2 |
|---|---|
| | (電話：서울 702-1000) |
| 學　　歷： | 1975年 서울高等學校 卒業. |
| | 1979年 서울商業大學 卒業. 商學 學士. |
| | 1982年 同大學院 卒業. 經濟學 碩士. |
| 經　　歷： | 1982年 4月, 유니버살貿易株式會社 入社, 機械類 輸出部에 부임하여 現在까지 勤務하고 있음. |
| 賞　　： | 없음. |
| 罰　　： | 없음. |
| 保 證 人： | 서울商業大學의 李昌雨교수. |
| | 유니버살貿易株式會社의 金相哲 理事. |

위의 진술이 진실이며 틀림이 없음을 확인합니다.

서울, 1991年 3月 5日,　　　　　　　　　　　　(서명)

[주] ① Family Status를 쓴 다음에 Description(신장, 체중 등)을 쓸 수도 있다.

② 학력·경력의 내용은 다음과 같이 시기순으로 쓸 수도 있다.

February, 1974 Graduated from Seoul Senior High School.

March, 1978 Graduated from the Faculty of Economics, Kon-Kuk University.

April, 1978 Employed by Universal Trading Company, Seoul.

April, 1980 Left the above to study in the United States.

August, 1984 Graduated from the School of Business Administration, Michigan University.

October, 1984 Appointed market researcher at the New York Trade Center of Kotra.

April, 1986 Resigned the above post and came back to Korea.

③ 「입사하다」는 joined~ 외에도, entered~, be employed by~, worked for~ 등으로 표현할 수 있다.

④ 경력 다음의 상벌은 없으면 쓰지 않아도 되며, 대신에 소지하고 있는 자격증을 쓰거나 어떤 단체에 가입되어 있는지를 쓸 수도 있다.
⑤ Education은 Schools Attended라고 써도 된다.
⑥ Occupation은 보통의 직업을 뜻하고, Profession은 지능적인 직업을 뜻한다. 「부업」은 side business 또는 side line이라고 한다.
⑦ I affirm~=I certify~=I declare~=I swear~. 이런 문구와 서명 등은 영문 이력서에서 반드시 필요한 것은 아니나 한국식 이력서를 번역함으로써 쓰게 된 것이다.

## 2. 명함(Name-Cards)

서양인들은 자신을 소개할 때 Salesman이 아닌 한 한국인처럼 명함을 흔히 사용하지는 않는다. 그러나 서양인들 사이에서도 사교용의 명함은 이미 알고 있는 사람에게 어떤 용건을 전달하는 데 흔히 사용되고 있다. 서양인들은 다른 사람의 이름을 잘 기억하는 편이지만 우리들 동양인의 이름은 그들에게 다소 생소하게 느껴질 것이므로 서양인을 처음 만날 때에는 명함을 사용하는 것이 좋을 것이다.

명함의 크기나 종이의 질은 우리의 것과 다를 바가 없지만 여자용의 명함이 남자용보다 더 큰데 이것은 부인들이 메모용으로 많이 이용하기 때문이다.

글자의 모양은 취향에 따라서 다르겠지만 일반적으로 사무용 명함에는 활자체가 좋고, 사교용 명함에는 동판의 필기체가 좋을 것이다.

〈명함의 종류〉

(A) 남성용 명함

*Mr. Changsu Kim*

```
34 Cho-dong                    Telephone:
Chung-gu                            Seoul
Seoul                           702-0323
```

자기 이름 앞에 **Mr.** 를 붙이는 것은 미국에서는 그렇게 많이 유행되고 있지 않으나 영국에서는 흔히 사용된다.

### (B) 부인용 명함

```
        Mrs. Chang su Kim

34 Cho-dong                    Telephone:
Chung-gu                            Seoul
Seoul                           702-0323
```

부인은 남편이 이름 앞에 **Mrs.** 를 붙인다. 단 미망인, 작가, 연예인 등은 자기의 원래 이름(처녀명)을 사용하는데, 이런 경우에는 **Mrs.** 를 붙이지 않는 것이 정식이다.

### (C) 부부용 명함

```
           Mr. & Mrs. Chang-su Kim

      34 Cho-dong             Telephone:
       Chung-gu                    Seoul
        Seoul                  702-0323
```

이것은 주로 사교용으로 일반인들에게는 필요하지 않다.

(D) 미혼 여성용 명함

---

**Miss Sun-hee Kim**

34 Cho-dong　　　　　　　　　　Telephone :
Chung-gu　　　　　　　　　　　　　Seoul
Seoul　　　　　　　　　　　　　　702−0323

---

이상의 명함들은 주소와 전화의 위치를 바꾸어 놓아도 무방하다.

E) 직함이 있는 명함

---

**Haksu Kim, LL. D.**

Professor
College of Law　　　　　　　Seoul National University

---

[주]　LL. D.는 Doctor of Laws의 약자이다.

(F) 사무용 명함(개인 이름을 내세우는 경우)

---

**KICHUL KIM**
Managing Director
SAMBO CHEMICAL COMPANY, LTD.

343 Sinsa-dong　　　　　　　　　Phone : Seoul
Kangnam-gu, Seoul　　　　　　　　462−1234

---

(G) 사무용 명함

```
┌─────────────────────────────────────────────┐
│                                             │
│        SAMBO CHEMICAL COMPANY, LTD.         │
│                                             │
│                 KICHUL KIM                  │
│              Managing Director              │
│                                             │
│   343 Sinsa-dong                Phone: Seoul│
│   Kangnam-gu, Seoul              462-1234   │
│                                             │
└─────────────────────────────────────────────┘
```

〈명함의 사용법〉

명함의 여백에 글을 써서 간단한 편지의 내용으로 사용할 수 있다. 예를 들면,

(1) Introducing Mr. ~ to Mr. ~ 라고 쓰면 소개장이 된다.

(2) At home on Saturday, June 6 from 6 to 8 o'clock 이라고 써서 우송하면 다과회에의 초대장이 된다.

(3) 생일을 축하하는 경우에는 With hearty congratulations on your birthday 또는 With best wishes for your happy birthday라고 써서 보내든가 선물에 첨부한다.

(4) 일반적인 선물에는 이름 위에 With(the) compliments of ~ 라고 써 넣어서 물품에 첨부하면 된다.

(5) 병문안의 경우에는 To inquire 또는 To cheer up 등을 써 넣은 명함을 위문품에 첨부하여 보내거나 환자를 직접 만날 필요없이 두고 온다.

(6) 조문의 경우에는 With deep condolences (깊은 조의를 드립니다) 또는 With deep sympathy (깊은 위로를 드립니다)라고 써서 우송하거나 두고 온다.

(7) 명함의 여백에 P.P.C.라고 쓰면 작별 인사가 되며, 우송하거나 놓고 온다. P.P.C.는 프랑스어 pour prendre congé(for bidding farewell, to take lea-

ve)의 약자이다.

(8) 이상과 같은 인사에 대한 답례로 다음과 같은 문구를 명함에 써 넣어서 보낸다.

◇ With hearty thanks for your kind thoughts.
   (당신의 친절에 대해 깊이 감사합니다.)
◇ With Many thanks for your congratulations and thoughtful gift.
   (당신의 축사와 뜻깊은 선물에 대해 깊이 감사합니다.)
◇ Thanking you for your kind inquiry/condolence/sympathy.
   (당신의 친절한 문안/조상/위로에 대해 감사를 드립니다.)
◇ Bon voyage! (무사한 여행이 되길.)

(9) 조문에 대한 답례장은 위와 같은 message를 쓴 명함의 가장 자리에 검은 선을 친다.

(10) 명함의 위쪽에 I.O.U. ₩50,000라고 쓰고, 그 다음에 날짜와 initials (성명의 머릿글자)를 쓰면 약식, 차용증서가 된다. I.O.U.는 I owe you의 약자이다.


## 3. 영수증

영수증을 쓰는 방법도 여러 가지가 있지만 다음의 예가 일반적이다. 또한 형식적인 것이 아니라 보통의 편지 형식으로 영수증을 작성해도 된다.

---

### RECEIPT

Seoul, June 1st, 199 —

Received from[①] Mr. John Hayden a sum of One Hundred Dollars($ 100, —), being[②] the rent for the month of June, 1991 for the premises[③] occupied by him at No. 15 Sinitaewon-dong, Yongsan-gu, Seoul.

| Revenue Stamp ₩100 KK | (수입 인지) (소인용 initials) | Kyong-won Kim |

[해석] 존 하이든 씨로부터 그가 임대하고 있는 서울 용산구 신이태원동 15번지 가옥의 1991년 6월분 임대료로 100달러를 정히 영수함.

**[응용 예문]**

◇ in payment of the key money[4] for the two-story[5] house located at ~ to be occupied solely by him and his family for a period not exceeding ten(10) years from the first of July in the year Nineteen hundred and eighty-seven A.D.
(서기 1987년 7월 1일로부터 10년을 초과하지 않는 기간 동안 본인과 본인의 가족이 단독으로 거주할 ~ 소재의 2층 가옥에 대한 전세 보증금의 지불로서~)

◇ as a deposit[6] for renting[7] the apartment[8] house owned by the undersigned[9] and situate[10] at ~, provided[11] that the said[12] amount of deposit shall be refunded without interest to the said depositor or his order upon his vacation[13] of the said apartment[8] house.
(아래에 서명한 사람의 소유인 ~ 소재의 아파트 임차 보증금으로서, 위 금액의 보증금을 당아파트의 임차인으로부터 명도 받음과 동시에 보증금 기탁자 본인 또는 그 지시인에게 무이자로 환불하는 조건으로 ~함.)

◇ to cover the tailoring cost of a girl's frock[14]
 (여자 아이의 원피스 맞춤값으로서)

◇ on account=in part payment (of/for) (~의 일부 지불금으로)

◇ in full payment (of/for) (~의 전액 지불금으로)

◇ in full of all demands (청구 금액의 금액 결제로)

◇ as a monthly installment (1개월분 월부금으로)

◇ as an earnest-money (계약금으로)

[주] ① Received from ~은 Received of~로도 쓸 수 있다.
② being은 「~으로서」의 뜻인데 in payment of(or for), as, for, to cover 등으로 바꾸어 쓸 수 있다.
③ premises는 원래 논리 및 법률 용어인데 일반적으로 사용되는 경우에는 「가옥, 건물의 구내」를 뜻한다. (이 뜻으로는 반드시 복수형으로 써야 한다.)
④ key money는 세 든 사람이 내는 「보증금」을 뜻한다.
⑤ 2층 건물의 2층은 upper story 또는 upstairs인데 upstairs는 부사로도 사용된다. 1층은 미국에서는 first floor, 영국에서는 ground floor라고 한다. 3층 이상인 건물의 2층은 미국에서는 second floor, 영국에서는 first floor 라고 한다. 아랫층은 downstairs라고 하는데 형용사나 부사로도 사용된다.
⑥ deposit는 「예탁금, 예탁물」의 뜻인데 여기서는 「보증금」을 뜻한다.
⑦ to rent는 「가옥의 임대차」를 뜻하고, to lease는 「토지의 임대차」를 뜻한다.
⑧ 영국에서는 apartment를 flat라고도 한다.
⑨ the undersigned는 「아래에 서명한 사람, 下記人)을 뜻하며, 형용사로도 사용된다.
⑩ situate at=situated at=located at.
⑪ provided that는 「~하는 조건으로」의 뜻으로 providing that라고 써도 같은 뜻이다.
⑫ the said~는 「전술한, 당해(當該)」의 뜻인데 미국에서는 정관사를 생략하는 수가 많다.
⑬ vacation은 여기서는 휴가의 뜻이 아니라 to vacate의 명사인 「명도」를 뜻한다.
⑭ 의복에 관한 영어에는 다음과 같은 말들이 있다. clothes, clothing, wear(의류의 총칭), apparel, attire(복장), dress(남녀의 정장), garments(여성용 겉옷의 총칭), costume(풍속적이거나 계층적인 복장), uniform(제

복), coat(양복의 상의), cloak(외투, 망토), suit(한 벌의 옷), ensemble (코트와 스커트를 갖춘 부인복 한 벌), frock(원피스), gown, robe(법복, 학사복, 집전복), night gown(부인의 잠옷).

## 4. 청구서

청구서, 계산서는 Bill, Accounts, Application, Statement (of Account) 등 여러 가지 말로 쓰고 있으며 그 양식은 일정하지 않다. 다음 편지는 계산서에 첨부하는 Covering Letter이다.

---

(Letter head)

June 1, 1991

(Inside Address)
Dear Mr. ~ :
    We are sending you enclosed statement of account for your orders of last month. Please examine it, and if you find it in order, kindly send us your remittance at your early convenience.

Yours sincerely,

(Signature)

---

[해석] 귀사의 지난달 주문에 대한 계산서를 동봉하여 보냅니다. 검토하시고 이상이 없으면 조속히 송금하여 주시기 바랍니다.

### 계산서 (1)

---

A Bill

(Address)

```
                                    June 17, 1991
Mrs. George Carter
    Bought of Myonghwadang, Art dealer:
        1 Water color                      ₩30,000
        1 Frame for the above                5,000
                              Total       ₩35,000
```

## 계산서(2)

```
                        Accounts
                                        (Address)
                                    June 17, 1991
Mr. Henry Colder
    In account with Korea House as per the attached chits:
    June  6,   5 persons                   ₩25,000
    June 13,   3 persons                    21,500
    June 20,   3 persons                     8,500
    June 27,   6 persons                    24,000
                              Total       ₩ 79,000
```

## 계산서(3)

| STATEMENT | | | |
|---|---|---|---|
| | | | Date ~ |
| Addressee | | | |
| Date | Particulars | Unit price | Amount |

|   |   |   |   |
|---|---|---|---|
|   |   |   |   |
|   |   | Total |   |

## 5. 차용증(I. O. U.)

차용증은 정식으로는 Bond of Debt 또는 Due Bill 등으로 일컬어졌지만 오늘날은 약속 어음(Promissory Note)으로 대체되었다. 그러나 원래 약식의 차용증인 I. O. U.는 일반화되어 법적으로도 유효한 서류로 인정되고 있다.

> 12 Sinsa-dong, Kangnam-gu, Seoul
> June 2, 1991
>
> I.O.U.[①] One hundred thousand won (₩100,000), to be paid[②] within three months from this date with interest[③] at ten per cent (10%) per[④] annum.
>
> Sun-ho Kim
>
> To Mr. George Bennett

[해석]  一金 壹拾萬원整을 借用하며, 이 날짜로부터 3個月內에 年利 10%의 利子와 함께 返還하겠음.

[주]  ① I.O.U. (=I Owe You)는 period없이 IOU로 쓰기도 한다.

② to be paid는 to be repaid라고 해야 정확하지만 pay에도 「반환」의 뜻이 있어서 일반적으로 to be paid가 많이 사용되고 있다.

③ interest at ten per cent 「1할의 이자」는 격식을 더 차리는 문서에서는 interest at the rate of ten per cent라고 쓴다. 금액은 spell out하고 옆에 괄

④ per annum (p.a.)는 라틴어로서 「일년에」의 뜻인데, per year 또는 a year로도 쓴다. 「한달에」는 per month, 「하루에」는 per diem (p.d.)이다.

## 6. 약속 어음

약속 어음은 수표와 마찬가지로 이서(裏書)에 의해서 양도·유통이 가능한 상업 증권이다. 이것은 상거래에서 뿐만 아니라 일반인들 사이에서도 차용증 대신에 사용되기도 한다.

---

### PROMISSORY NOTE

Seoul, June 1, 1991

At[①] six months after date[②], for value received,[③] I promise to pay to Mr.[④] William Simon, or his order,[⑤] Two hundred thousand won (₩200,000), with interest at twelve per cent per annum, at my residence[⑥] at 12, Sinitaewon-dong, Yongsan-gu, Seoul.

Youngsu Kim

(Signature)

---

[해석] 본인이 수령한 一金 貳拾萬원을 6개월 후에 서울특별시 용산구 신이태원동 12번지의 자택에서 年利 12%의 이자와 함께 윌리엄 사이먼 씨 또는 그 지시인에게 지불할 것을 약속합니다.

[주] ① 계약서상의 날짜에 대해서는 전치사 at나 on을 생략할 때가 많다. 그러나 「~월~일에 지불하겠다」라고 쓸 때는 on이 필요하다.

② after date는 after this date의 뜻이며, 마찬가지로 to this date는 to date 라고 쓴다. after 대신에 from을 쓰는 수도 있다.

③ for value received는 「수령(受領)한 금액에 대하여」라는 뜻의 상업문서

용어로 for를 생략하여 value received라고도 한다. 이 문구는 문장의 의미에 혼란을 주지 않는 범위에서는 앞이나 뒤 어느 곳에 넣어도 무방하다.

④ 법률 문서에서는 Mr. 를 흔히 생략하는데 이는 제3인칭으로 쓰기 때문에 경칭을 쓸 필요가 없다. 그러나 Mrs.와 Miss는 식별을 위해 생략하지 않는 것이 좋다.

⑤ or his order는 「또는 그 지시인」의 뜻인데 his를 생략하여 or order라고도 많이 쓴다. 「지참인에게 지불하라」는 pay to bearer라고 쓴다.

⑥ 상업 어음의 지불 장소는 보통 지불인의 거래 은행이 되지만 사용(私用)의 어음이나 차용증인 경우에는 자택으로 할 수도 있다. 환어음(Draft)은 개인이나 상사가 발행하는 것이 아니라 한 은행이 발행하여 다른 은행이 그 지참가에게 지불하도록 된 증권이며 at sihgt 또는 on demand(일람불 또는 요구불)와 같은 지불 조건이 기재된다.

## 7. 위임장

위임장은 일정한 권한을 타인에게 위임하는 중요한 증명 문서이므로 딱딱하고 진부한 법률 용어나 격식을 차린 문구들이 아직도 사용되고 있다.

### POWER OF ATTORNEY

KNOW ALL MEN BY THESE PRESENTS, that I, Norman E. Hopkins of the City of Seoul, Korea, have made,[2] constituted[2] and appointed,[2] and do by these presents[1] make,[2] constitute[2] and appoint[2] Junho Lee, of the Yongsan-gu, in the City of Seoul, Korea, a true and lawful attorney in fact,[3] for me and in my name, place and stead, and in my behalf, to negotiate and enter into a contract with any constructor as he shall deem fit for building my house, hereby giving and granting unto my said attorney full power and authority in the premises④ to use all lawful means in my name and for my sole benefit, for the purpose aforesaid. And generally to do and perform all such acts, matters and things as my said attorney shall deem necessary and expedient for the completion of the authority hereby given, as fully as I might and could do were I personally present.

IN WITNESS WHEREOF, I, the said Norman E. Hopkins, have hereunto set my hand,⑤ this eleventh day of August, in the year of nineteen hundred and ninety-one⑥.

 Signed in presence⑦ of
 Junho Lee (서명)
  Solicitor⑧

Norman E. Hopkins

[해석] 모든 사람은 본장으로 다음 사실을 양지하기 바랍니다. 본인, 즉 대한민국 서울특별시에 거주하는 노먼 E. 홉킨스는 대한민국 서울특별시 용산구에 거주하는 이준호를 본인의 명의로 본인을 대리하여 본인을 위해 그가 적당하다고 인정하는 건설업자와 본인의 가옥을 건축하기 위한 교섭과 계약을 체결하기 위해 본인의 진정하고 합법적인 대리인으로 임명하였다. 위의 목적을 갖고 본인의 명의로 본인만의 이익을 위해 모든 합법적 수단을 행사하도록 당해 사항에 관한 완전한 권능과 권한을 동대리인에게 부여하고 허락함을 본장으로 재확인한다. 또한 동대리인이 여기서 부여한 권한을 완결하는 데 필요하고 편리하다고 인정하는 모든 행위 및 사물을 본인 자신이 출석한다면 본인이 행할 것과 같이 완전히 수행하기 위한 일반적 권한도 부여한다.

이상을 증언하기 위해 본인, 즉 노먼 E. 홉킨스는 1991年 8月 11日 본장에 서명한다.

[주] 위임장과 같은 법률 문서에는 아직도 진부한 문체가 그대로 사용되는 예가 많은데, 이것은 법조계의 강한 보수 성향에 의한 관행인 것으로 생각된

다. 법률적인 격식의 딱딱함을 피하기 위해서는 위임장을 편지 양식으로 쓸 수도 있으며 불특정인 앞으로 하기 위해 TO WHOM IT MAY CONCERN (관계자 제위)를 앞에 쓸 수도 있다. 또한 주주 총회 등에 대한 위임장은 Proxy라고 하며 보다 간단하다.
① these presents는 법률 용어로「본서류」의 뜻이다.
② make (or nominate), constitute, appoint 등의 동의어가 반복적으로 사용되었을 뿐만 아니라 같은 동사의 현재완료형과 현재형도 반복되고 있는데, 현재완료형은 위임한 상태를 나타내며 현재형은 위임장에 의해 그것을 확인한다는 뜻을 나타낸다.
③ attorney에는「대리인, 변호사, 검사」등의 뜻이 있는데, 개인의 대리인을 흔히 attorney in fact라고 한다. attorney general이라고 하면 미국에서는「법무장관」을 일컫는다.
④ in the premises 는 법률 용어로서「본건에 관하여, 당해 사항에 관하여」등의 뜻이다.
⑤ set my hand/seal=affix my signature/seal「서명 또는 날인하다」.
⑥ 위임장에는 날짜를 위의 예와 같이 끝부분에 넣고, 계약서에는 날짜를 앞부분에 넣는데, 끝부분에는 흔히 the day and year first above written이라고 쓴다. 이 경우 month는 넣지 않는다.
⑦ Signed in presece of ~는 Witnessed by 또는 단순히 Witness로 쓸 수도 있다.
⑧ solicitor는「사무 변호사」의 뜻인데, 미국에서는「법무관」의 뜻으로도 쓰인다. 이에 대하여「법정 변호사」는 영국에서는 barrister, 미국에서는 attorney at law라고 한다.

## 8. 계약서(Agreement ; Contract)

Agreement는 기본계약(서), 협정(서), 또는 동의서를 뜻하고, Contract는 일반적 또는 개별적 계약서를 뜻하나 실제로는 혼동되어 쓰이고 있다. Contract 중에서도 법거래상의 매매계약서는 간결한 양식이 많이 사용되고 있는

데, 이름은 Contract이지만 실제로는 Agreement의 성질을 지닌 것이다. 변호사가 기초(起草)하는 민사적인 계약 서류에는 전술한 위임장처럼 심하지는 않지만 상당히 진부한 양식으로 된 것이 많다.

## CONTRACT FOR BUILDING A HOUSE

This Contract, made and entered into the tenth day of April in the year one thousand nine hundred and ninety-one A.D.,① by and between Norman E. Hopkins, of the City of Seoul, Korea, of the first part, (hereinafter referred② to as the Client), and Taerim Construction Company, Ltd., of the City of Seoul, Korea, of the second part, (hereinafter referred to as the Constructor):

WITNESSETH,③ that the said Constructor, for considerations hereinafter named, contracts and agrees with the said Client, his heirs, assigns and administrators, that it,④ the said Constructor, shall, within one hundred days, next following⑤ this date, in a good and workmanlike manner, and according to its best skill, well and substantially erect and finish a dwelling-house in accordance with the plans and specifications hereto annexed.

In consideration of which, the said Client, for himself and legal representatives, promises to the said Constructor, its assigns and receivers, to pay, or cause to be paid, to the said Constructor, or its legal representatives, the sum of Thirty Five Million Won (₩35,000,000) in the following manner, to wit⑥: Ten Million Won (₩10,000,000) at the beginning of the said work, Five Million Won (₩5,000,000) each at the end of April, May and June, respectively and the remaining Ten Million Won (₩10,000,000) when the work shall be fully completed.

It is further agreed that in order to be entitled to the said payments (the initial one excepted, which is otherwise considered), the said Constructor, or its legal representatives, shall, according to the architect's appraisement, have expended, in labor and material, the value of said payments on the house, at the time of payment.

For failure to accomplish the faithful performance of the agreement, the party so failing, his or its heirs, executors, administrators, assigns or receivers, as the case may be, agree to forfeit and pay to the other party, or his or its legal representatives, the penal sum of Ten Million Won (￦10,000,000) as liquidated damages,⑦ within one month from the time of so failing.

IN WITNESS WHEREOF, the parties hereto⑧ have hereunto affixed their signatures and seals the day and year first above written.

(Client) Norman E. Hopkins

(Constructor) Taerim Construction Company, Ltd.

By Seongsu Kim, President

[해석] 서기 1991년 4월 10일, 一方의 당사자인 대한민국 서울특별시의 노먼 E. 홉스킨 (이하 의탁자라 칭함)와 他方의 당사자인 대한민국 서울특별시의 태림 건설 주식 회사(이하 건설자라 칭함) 사이에 본계약을 체결하였다.

건설자는 의탁자, 그 상속인, 양수인(讓受人) 또는 그 유산 관리인에 대하여 후기(後記)의 대가로 금일자 이후 壹百日以內에 우수한 공사 기법과 그 최고의 기술에 따라서 여기에 첨부한 설계도 및 명세서에 일치시켜, 주택을 훌륭하고 견고하게 건설할 것을 계약하고 동의한다.

그 대가로서 의탁자 본인은 자신과 그 법정 대리인을 위해서 건설자, 그 양수인 및 파산 관재인에 대해 一金參阡五百萬원을 다음과 같은 방법으로 지불하거나 또는 타인에 의해 지불되도록 할 것을 건설자 및 그 법정 대리인에게 약속한다. 즉, 당공사(當工事)의 개시시(開始時) 一金壹阡萬원을, 4월말·5월말·6월말에 각각 一金五百萬원을, 고사 완료시(完了時) 殘金 壹阡萬원을 지불한다.

상기의 지불 (별도로 고려되는 初回支拂金은 제외)을 수취하기 위해서 건설자 또는 그 법정 대리인은 건축 기사의 평가에 따라 상기 지불금 상당치를 그 지불기일까지 노임 및 자재 비용으로 지출했어야 한다는 것에 거듭 동의한다.

본계약의 충실한 이행을 완수하지 못한 경우, 그 불이행 당사자 또는 경우에 따라서 그 상속인, 유언집행인, 유산관재인, 양수인 또는 파산관재인은 상대방 당사자 또는 그 법정대리인에게 불이행 시점으로부터 1個月이내에 협정 위약금으로 一金壹阡萬원을 몰수당하여 지불할 것에 동의한다.

이상의 증거로서 본계약의 당사자는 상기 일자로 본계약서에 서명날인하였다.

[주] ① A.D.(Anno Domini — 서기)는 영국에서는 년대의 앞에 쓰고, 미국에서는 년대의 뒤에 쓸 때가 많다. in the year of our Lord는 년대의 앞에 쓴다.

② hereinafter referred to as ~ 「이하 ~라 칭한다」는 hereinafter called ~라고도 쓴다.

③ witnesseth는 동사 witness「목격하다, 증명하다, 증언하다」의 제3인칭 단수 고어로서 그 위에 적혀 있는 사실에 대한 동사이다. 뜻은 「아래와 같이 계약한다」가 된다. 조항별로 쓰는 계약서에서는 WITNESSETH：를 중앙에 쓰고 that를 생략한 채 그 아래 행부터 조항을 쓰기도 한다.

④ 건설자는 회사이므로 그 대명사가 it로 되고, 위탁자는 개인이므로 그 대명사가 he로 된다.

⑤ next following은 보통 문장에서는 거의 사용되지 않는다. next, following, 또는 immediately following으로 쓰는 것이 일반적이다.

⑥ to wit는 「즉, 말하자면」의 뜻인 법률 용어로, 보통 문장에서는 viz.=namely 또는 i.e.=that is 등으로 많이 쓰인다.

⑦ damage는 「손해」의 뜻이나 damages는 「손해 배상금」을 뜻한다. liquidated damages는 「협정된 위약금(違約金)」, penal sum도 「위약금」의 뜻이다.

⑧ the party는 「당사자」, the parties hereto는 「본 계약의 전 당사자」, 당사자가 두 사람인 경우에는 both parties라고도 쓴다.

## 제2장  공고문

구인, 구직, 매물 등에 관한 개인적인 광고, 즉 Want Ad는 신문에서 싼 광고 요금으로 종류별 안내란에 게재되는 것이므로 Classified Ads라고 하며 그 광고란을 Want Column이라고 한다. 이러한 광고의 글은 전신에서와 같이 뜻이 통하는 범위 안에서 동사, 전치사, 관사 등을 생략하여 간결하게 써야 한다.

(1) Help Wanted (구인)

> COUPLE chauffeur and house keeper, childless or one child. To live in American single woman teachers' home. English and age unimportant. Salary, housing good. References required. Tel : 782-0123

[해석]  무자녀 또는 한 자녀의 부부인 운전사와 가정부 구함. 미국인 독신 여교사댁 입주. 영어·나이 중요치 않음. 봉급, 거주 설비 좋음. 신원 보증인 필요. 전화 : 782-0123.

> MAID live-in. Knowledge of English required. American couple with baby, Yongsan, Seoul, Tel : 793-1234.

[해석]  거주 가정부. 영어 지식 필요. 미국인 부부, 유아 한 명. 서울 용산 전화 : 793-1234.

(2) Situation Wanted(구직)

> EXPERIENCED young female stenotypist seeks part-time job at American or European firm. Write to Miss Kim, c/o ~.

[해석] 경험있는 젊은 여성 속기 타이피스트, 구미계 회사에 시간제 근무직을 구함. ~방 김양.

> FOREIGN experienced secretary with excellent knowledge of Korean and English, desires position in well-established firm. Phone: 587-1000.

[해석] 한국어와 영어에 능통한 외국인 비서, 견실한 회사에 자리를 구함. 전화 587-1000.

> KOREAN female, college student, wants to work as a maid for an American or an English family, during summer vacation. Write to Miss Kim (address).

[해석] 한국 여자 대학생, 여름 방학 동안 영미인 가정에서 가정부로 일하기 원함.

(3) Lodging (하숙)

> 23-year-old American male (California University graduate in Chemical Eng.) seeks lodging[1] in Seongbuk-dong area during July and August with Korean or foreign family. Willing to teach English if necessary. Tel: 792-1234.

[해석] 23세의 미국인 남자(캘리포니아 대학 화공학과 졸업생) 7월, 8월 동안 성북동 지역의 한국인 또는 외국인 가정에 하숙 구함. 필요하면 영어 지도 가능. 전화 : 792-1234.

[주] ① lodging은 보통 방만을 빌리는 것을 뜻하며, 식사가 제공되는 것은 lodging with board 또는 board with lodging이라고 한다.

(4) For Rent (셋집)

> TWO storied newly-built Western style house, three bedrooms, living room, bathroom, kitchen, garage, with neat garden. Nicely located at Sinitaewon-Dong, Seoul. No commissions. Call owner Kim 793-0123

[해석] 신축 양옥 2층, 침실 3개, 거실, 목욕탕, 부엌, 차고, 아담한 정원. 서울 신이태원동. 교통 쾌적, 소개료 불요. 소유주 김. 793-0123

> FOR rent in a new building at Sinitaewon-dong, Seoul. From July 8 till October 15. Completely furnished. Two-bedroom apartment with terrace and telephone. For information call Seoul 793-0619

[해석] 서울 신이태원동 신축 건물 세놓음. 7월 8일부터 10월 15일까지 가구 완비, 침실 2개의 아파트로 테라스와 전화 딸림. 자세한 것은 서울 전화 : 793-0619로 연락.

(5) Wanted to Rent (셋집 구함)

> FOREIGNER, single, wants to rent[①] furnished apartment or small house with modern facilities. Letters to (Address)

[해석]  독신 외국인, 현대식 시설을 갖춘 가구 있는 아파트나 작은 셋집 구함.

[주]  ① rent는 집을 세놓는 것을 뜻하나 여기서는 집을 세로 빌리는 것을 뜻한다. rent는 이와 같이 두 가지 반대의 뜻을 지니고 있으므로 문맥을 보아서 판단해야 한다.

(6) For Sale(매물)

> LOUNGE and bedroom furnishings[①] and carpets. Also refrigerator and washing machine. Interested telephone Vaughan, Seoul 793-0123 after 6 p.m.

[해석]  사교실과 침실의 가구 비품과 카페트 및 냉장고, 세탁기. 오후 6시 이후 서울 793-0123 Vaughan에게 전화.

[주]  ① furnishing은 furniture보다 넓은 뜻의 「가구 설비」를 뜻한다.

(7) Personal (인사)

> GROUP of American businessmen want teacher for Korean lessons during business hours. Please apply to CPO Box 777, Seoul.

[해석]  미국인 실업가 그룹, 업무 시간 중에 한국어 강습 교수 구함. 서울 중앙 우체국 사서함 777호.

## 제3장  Speech의 요령

　연설의 기법은 오랜 경험과 수련에 의해서 터득될 수 있는 것으로서 간단히 설명할 수 있는 성질의 것은 아니지만 오늘날과 같은 국제화 시대에서는 국제적인 회의나 모임에서 발언할 기회가 많아지고 있으므로 그런 때를 위한 etiquette을 알아 두는 것이 좋을 것이다.

### (1) 개회
　만찬회나 연회에서는 사회자(Host or Chairman)나 지배인이 "Dinner (Luncheon) is served"「식사가 준비되었습니다」라고 큰소리로 알리고 내빈을 식탁으로 안내하는 것이 보통이다. Speech는 식사의 main course가 끝난 다음부터 시작된다.
　dessert나 음료를 들기 시작할 때 사회자는 서서 인사하고 guest speaker가 있다면 그를 내빈에게 소개하고 speech를 부탁드리는 순서가 된다.
　식사가 없는 회합일 경우에는 내빈이 모두 자리에 앉았을 때에 사회자가 "The meeting will now come to order" 또는 "The meeting is called to order"라는 말로 개회를 선언한다.

### (2) 사회자의 인사
　사회자의 인사는 참석자에 대한 greetings로 시작한다. 가장 일반적인 것은 "Ladies and Gentlemen"이지만 남성만의 회합인 경우에는 당연히 "Gentlemen"이 된다. 여성의 참석자가 단 한 사람뿐일 경우에는 정확히 말하자면 "A Lady and Gentlemen"이라고 말해야 하겠지만, 그런 경우에도 "Ladies and Gentlemen"이라고 말하는 것이 무난할 것이다. 참석자 전원이 친한 사람들이라면 "My Friends"라고 말할 수도 있다.

그러나 guest of honor (귀빈) 또는 guest speaker (초빙연사)가 있는 경우에는 그 사람의 이름과 역할을 가장 먼저 말한 다음에 "Mr. (Mrs. or Miss) So and so (또는 Our Guest of Honor 또는 Our Guest Speaker), Ladies and Gentlemen"으로 address를 시작하는 것이 예의이다. 그 사람이 직위를 가진 사람이면 그 직위에 따라서 "General (Admiral, Minister, Governor, Judge, Professor, Dr.) So and so" 등으로 address를 시작해야 하고, 그 사람이 더욱 고귀한 신분의 사람이면 "Your Britannic Highness Princess So and so"와 같이 경칭을 붙여야 한다.

사회자는 먼저 이상과 같이 호격사를 말한 다음에 인사를 하고 이어서 귀빈 또는 speaker를 소개하게 되는데, 소개의 말로서 빈번하게 사용되는 문구로는 다음과 같은 것들이 있다.

① It is with a great pleasure that we gather here to-day to hear Mr. So and so, who is……

② Our club is privileged to have Miss So and so as the guest speaker for this meeting. Miss So and so is, as you well know,……
(우리 클럽은 이번 모임을 위해 특별히 ~양을 연사로 초빙하였습니다. ~양은 잘 아시는 바와 같이……)

③ It is great honour and a rare privilege for us to be able to get together this evening to welcome the distinguished (exalted) guest, his Excellency Ambassador ~
(저희는 오늘 저녁 회합에 ~대사 각하를 특별한 (고귀한) 귀빈으로 모시게 되어 큰 영광입니다.)

④ He is too well known to require my introduction, I think.
(그는 너무나 잘 알려져 있는 분이므로 저의 소개가 필요하지 않을 것으로 생각합니다.)

⑤ Mr. So and so is so famous that any introduction would be superfluous.
( ~씨는 너무나 유명한 분이므로 어떤 소개의 말도 필요치 않을 것입니

다.)

⑥ Well, Mrs. So and so, will you please give us the pleasure of hearing your speech?
(~ 부인, 그럼 강연을 들려주시기 바랍니다.)

(3) 연사의 인사

이상과 같이 speech를 의뢰받은 speaker는 일어서서 "Mr. Chairman, Ladies and Gentlemen"과 같은 greetings로 speech를 시작한다. speech의 내용은 이 책의 범위 밖의 것이지만 greetings에는 일정한 공통점이 있으므로 고금의 명연설에서 실례를 들어 보기로 한다.

미국의 초대 대통령 Georgo Washington의 퇴임 연설(1796년)과 제3대 대통령 Thomas Jefferson의 취임 연설(1801년)은 다같이 "Friends and Fellow-Citizens"으로 시작된다. Lincoln 대통령은 "Fellow-countrymen", Wilson 대통령은 "My fellow countrymen"으로 연설을 시작하였다. 아이젠하워 대통령은 1956년 수에즈 전쟁 당시 온국민에게 "My fellow Americans"라고 불렀고, 케네디 대통령은 1961年 그의 취임식에서는 "My Fellow Citizens"로 간단하게 불렀으나 1963년 제88의회에 대한 연두 교서 (The State of the Union message)에서는 "Mr. Vice President, Mr. Speaker, Members of the 88th Congress"라는 greetings로 연설을 시작하였다.

그런데 Johnson 대통령은 케네디의 암살로 인해 부통령에서 대통령직을 승계한 직후, 상·하원 합동회의 및 1964년 연두 교서에서 "Mr. Speaker, Mr. President, Members of the House and Senate, my fellow Americans"로 부르는 순서를 바꾸고 있는데, 이것은 미국의 헌법에 따르면 대통령의 유고(有故)시 그 계승자는 부통령, 하원의장의 순으로 되고, 부통령은 상원의장을 겸임하도록 되어 있는데, Johnson이 대통령으로 재취임하기까지는 부통령이 결원으로 되어 있으며 그 동안에 상원의장은 임시직으로서 하원의장의 아래에 위치하고 있었던 것이다.

이러한 greetings 중에서도 1963년에 케네디 대통령이 U.N.총회에서 행한 연설의 첫머리인 "Mr. President, Mr. Secretary-General, Delegates to the

United Nations, Ladies and Gentlemen"(총회의장, 사무총장, UN의 각국 대표, 신사 숙녀 여러분)은 방청석의 사람까지 포함하는 기지있는 greetings라고 할 것이다.

### (4) 질의 응답의 권유

　Guest of Honour(귀빈)의 address(인사 또는 연설)에 대해서는 예의상 질문을 하지 않지만 Guest Speaker 또는 Lecturer(강사)의 speech나 lecture에 대해서는 시간이 있고 Speaker가 수락한다면 질의를 허락하는 것이 보통이다. 사회자는 다음 예와 같이 인사한다.

---

　We are very fortunate to have had the opportunity of hearing extremely interesting and inspiring speech this afternoon from such an outstanding personage as Dr. So and so. As we have about thirty minutes at our disposal before we adjourn, and Doctor will be kind enough to answer any questions you may ask, I suggest that you avail yourselves of this splendid opportunity allowed to enlighten yourselves further. Questioners will please raise hands.

---

[해석] 우리들은 오늘 ~박사와 같은 저명한 분으로부터 극히 흥미롭고 감동적인 연설을 듣게 되는 다행스런 기회를 갖게 되었습니다. 우리들은 산회를 하기전에 약 30분간의 자유시간이 있고, 또 박사께서는 여러분의 질문에 친절히 답해 주실 것이므로 이 절호의 기회를 이용하여 여러분 자신들을 더욱 계발하실 것을 제의합니다. 질문하실 분들은 손을 들기 바랍니다.

### (5) 폐회

　질문하는 시간을 마감하기 위해서 사회자는 다음과 같은 말을 하면 좋을 것이다.

> Well, my friends (fellow-members), I guess you have many more questions to ask Dr. So and so, but I am sorry that we must close the meeting now, because the scheduled time is up (because it's the time to vacate this room; because our guest speaker has to be going now). I suppose you have been more than rewarded for your attendance to-day, and hope to see you all again at the next meeting.

[해석] 회원 여러분, 여러분이 ~ 박사에게 질의할 질문이 더 있을 것으로 생각하지만 이제 예정된 시간이 다 되었으므로 (이 회의실을 비워야 할 시간이므로/우리들의 초빙 연사가 이제 떠나야 하므로) 아쉽지만 폐회를 하지 않을 수 없습니다. 오늘 여러분께서 참석하셔서 충분히 보답을 받은 것으로 생각하며 다음 회기에 모두 다시 만나기를 희망합니다.

사회자는 마지막으로 guest speaker에 대해 다음과 같은 말로 예의를 표시한다.

> Now Dr. So and so, I want to thank you sincerely, on behalf of all the present here, for your sparing busy time to give us much enlightening and inspiring speech and also for your kind answers to various questions. I am sure that your lecture has aroused our interest in the theme which is very important for the world's welfare, yet little thought of by the populace.
> We are indebted to you for our new knowledge, and happy that we are feeling to have become many times wiser than before. Thank you again.

[해석] ~ 박사, 바쁜 시간을 할애하셔서 감동적인 연설을 하여 주시고 여러

가지 질문에 답해 주신 데 대해 여기에 참석하신 모든 사람을 대표하여 심심한 감사를 드립니다. 박사님의 강연은 세계의 복지를 위해 매우 중요한 것임에도 아직 대중이 거의 관심을 가지지 않는 주제에 관해 저희들의 관심을 불러일으켰다고 확신합니다.

    덕분에 새로운 지식을 알게 되어 전보다 훨씬 더 현명해진 기분을 느끼게 됨을 행복하게 생각합니다. 재차 감사를 드립니다.

# 제4장  해외 전보

## 1. 전보문의 작성법

오늘날은 전화, 텔렉스, 팩시밀리 등 최신 전기통신 시스템의 발달로 인해 해외 전보의 사용은 줄고 있다. 그러나 아직 영어로 치는 해외 전보가 이용되고 있고 또 영문 전보가 영어 통신문에 미친 영향을 알기 위해서도 영문 전보의 해독법과 작성법을 공부할 필요가 있다.

일반 해외 전보는 그 배달되는 시간과 그에 따른 요금 계산 방식에 따라 보통 전보(Ordinary Telegram : ORD), 지급 전보(Urgent Telegram : URG), 서신 전보(Letter Telegram : LT) 등으로 구분된다. 이들 모두 단어수로 요금을 계산하는데 보통 전보와 지급 전보의 기본어 수는 7어(語)이며, 서신 전보의 기본어수는 22어이다. 기본어 수가 초과되면 요금이 가산된다.

해외 전보문에 사용되는 문자는 영어 알파벳의 대문자 26자 (소문자는 사용되지 않는다)와 아라비아 숫자 및 일부 기호이며, 프랑스어와 독일어의 알파벳에 붙는 기호는 사용되지 않으므로 편법으로 처리된다.

전보문의 1어는 알파벳 10자이내로 되어 있으므로 스펠링이 긴 단어는 약어를 사용하고 상대방과 약속이 되어 있어서 알고 있는 사항에 대해서는 암어(code)를 사용함으로써 비싼 전보 요금을 절약하는 것이 보통이다. 예를들면 IMMEDIATELY는 11자로 2어로 계산되므로 같은 뜻의 짧은 단어인 SOONEST나 ASAP(=as soon as possible)로 바꾸어 쓰거나 IMMEDIATELY의 약자인 IMDTLY를 쓴다. 그러나 이와 같은 줄임으로 인해 뜻이 전달될 수 없는 것이 되어서는 안 된다. 어디까지나 뜻이 전달될 수 있는 범위 안에서 약어나 부호를 사용해야 할 것이다.

다음은 영어 전보문의 어수를 줄이는 구체적인 방법을 나타낸 것이다.

(1) 관사·전치사·접속사의 생략

의미가 애매하게 되지 않는 한 관사, 전치사, 접속사를 생략할 수 있다. 그러나 단위를 나타내는 말인 per와 같은 뜻의 A나 AN은 생략할 수 없는 것이므로, a(per) piece 또는 a person(per head) 대신에 APIECE를 사용하고 a(per) month 또는 a year(per annum) 대신에 MONTHLY 또는 ANNUALLY와 같은 1어의 부사를 사용한다.

(2) 주어와 Be동사, 조동사의 생략

We would recommend you to accept ~와 같은 문장은 주어 We와 조동사 would를 생략하고, you to accept를 YOUR ACCEPTANCE로 고쳐서 RECOMMEND YOUR ACCEPTANCE로 쓴다. 여기서 YOUR도 전보를 받는 당사자이므로 생략하고, RECOMMEND ACCEPTANCE라고 쓰면 6어로 된 원래의 문장이 2어로 줄여진다.

① We are willing→WILLING
② We are desirous→DESIROUS
③ We are intending→INTENDING
④ We are informed→INFORMED
⑤ It is reported→REPORTED
⑥ We are delighted→DELIGHTED

(3) 간접목적어의 생략

간접목적과 직접목적이 있는 경우 제1인칭과 제2인칭의 간접목적은 생략할 때가 많다.

① We are remitting you money requested→REMITTING MONEY REQUESTED
② We make you a firm offer→MAKING FIRM OFFER (OFFERING FIRM)

(4) 문장 구조의 변경
　능동태를 수동태로 또는 수동태를 능동태로 바꾸거나, 평서문을 명령문으로 또는 명령문을 평서문으로 바꾸어서 주어나 전치사 등을 생략함으로써 어수를 줄일 수 있다.
　① I solicit your assistance→YOUR ASSISTANCE SOLICITED
　② I have received your letter→YOUR LETTER RECEIVED
　③ Your immediate reply is requested→REPLY SOONEST
　④ They require 3 copies of your pamphlet→PAMPHLET 3 COPIES REQUIRED
　⑤ I will write to you fully about this matter 또는 Full explanation by letter→WRITING (FULLY)

(5) 품사의 변화
　문장의 구조를 변화시킬 때는 흔히 품사를 바꾸어야 한다. 다음 예에서 괄호 안은 품사의 변화를 나타낸 것이다.
　① We would recommend you to accept→RECOMMEND ACCEPTANCE (동사→명사)
　② We are surprised to receive your complaint now→YOUR COMPLAINT SURPRISING (동사→형용사)
　③ We are waiting for your immediate instruction→INSTRUCT ASAP (명사→동사)
　④ We can accept your terms→TERMS ACCEPTABLE (동사→형용사)
　⑤ We can obtain orders→ORDERS OBTAINABLE

(6) 접두사나 접미사에 의한 부정 표현
　UN-, NON-, DIS-, IN-, IR- 등과 같은 접두사나 -LESS, -ABLE 따위의 접미사를 사용하여 어수를 줄일 수 있다.
　① Shipment has not yet arrived→SHIPMENT UNARRIVED
　② The factory is not yet in function→FACTORY UNWORKABLE
　③ We are not interested→UNINTERESTED

④ We can accept your terms→TERMS ACCEPTABLE

(7) -ING를 사용하여 미래나 의지를 나타내는 표현
① We will reply next Monday→REPLYING MONDAY
② We will write you as to the particulars→WRITING (자세한 것은 편지하겠음.)

(8) 그 밖의 전보문 용어
전보문에 사용되는 특유의 문구나 약어를 사용하여 어수를 줄일 수 있다.
① Your letter (or cable) dated the 15th→YOURS FIFTEENTH
② Please refer to our inquiry of the 12th→OURS TWELFTH
③ Owing(or due) to the fact→OWING (or DUE)
④ We will reply next Monday→REPLYING MONDAY
⑤ We have an inquiry as follows→INQUIRY
⑥ particulars by mail→WRITING
⑦ do your best→ENDEAVOR
⑧ We agree→OK
⑨ for your information→FYI

## 2. 영문 전보 문례

> THANKS INVITATION SORRY UNEXPECTDLY PREVENTED STOP CONVEY CHAIRMAN QUOTE APOLOGIZE SUDDEN ABSENCE AUTHORIZE YOU MY PROXY ALL RESOLUTIONS UNQUOTE WISH SUCCESS

이 전보문은 다음과 같은 편지의 문장을 전보문으로 바꾼 것인데 underline을 친 부분이 생략된 것과 같다.

I thank you for the invitation to the meeting but am sorry that I have unexpectedly been prevented from attending. Please convey the following message to the chairman:

"I apologize for my sudden absence. I hereby authorize you with my proxy on all resolutions."

I wish success for the meeting.

[해석] 회합에 초대해 주신 데 대해 감사합니다. 그러나 예기치 않은 일로 참석하지 못하게 된 것을 죄송스럽게 생각합니다. 의장에게 다음 메시지를 전달하여 주십시오.

"본인의 돌연한 불참에 대해 사과를 드립니다. 본인은 이 편지로써 귀하에게 모든 의안에 대한 본인의 대리 의결권을 위임합니다."

성공적인 회의가 되길 빕니다.

---

CONGRATULATIONS ON YOUR APPOINTMENT TO PRESIDENT SINCEREST WISHES FOR YOUR FUTURE

[해석] 사장 선임을 축하하며 귀하의 앞날을 위해 충심으로 기원함.

---

CHANGSU KIM JAL 123 DUE KENNEDY 430 PM 12TH PLEASE MEET THERE

[해석] 김창수 15일 하오 4시 30분 JAL 123편으로 케네디 공항에 도착 예정. 출영 요망.

---

OUR PRESIDENT DUE YOUR CITY SEPTEMBER 14 WISHES MEETING ABC COMPANY PRESIDENT LEAVE YOU

> TO ENGAGE HIM TELEGRAPH RESULT

[해석] 본사 사장 9월 14일 도착 예정. ABC회사 사장 면담 희망. 면담 주선 요망. 결과 전보 통지 바람.

> ARRIVING HEATHROW FRIDAY MORNING CPA FLIGHT NO212 PLEASE RESERVE SINGLE ROOM GRAND HOTEL

[해석] 금요일 오전 CPA212편으로 히드로 공항 도착 예정. 그랜드 호텔에 싱글 룸 예약 바람.

"그림과 함께 영어의 ABC(기초)를 닦는"

# 영어교실 시리즈

**딱따구리 영어 첫걸음**

딱따구리 영어첫걸음은
- 영어를 처음으로 배우는 학생들을 위해, 아기가 말을 처음 배울 때와 같은 요령으로 쉽게 배워지도록 하였다. ●일상 생활에서 가장 많이 쓰이는 단어를 재미있는 그림과 함께 엮었으므로, 그림책을 보듯이 책장을 넘기는 중에 저절로 익혀지도록 하였다. ●모든 단어에 한글 표기와 발음 기호를 같이 달아놓아 누구나 쉽게 알도록 하였다. ●딱따구리 영어첫걸음은 가장 쉽게, 가장 빨리, 가장 정확하게 영어를 배우고 싶은 사람을 위해 만들었다. ■

**딱따구리 영어회화 첫걸음**

딱따구리 영어회화 첫걸음은
- 과거에도 영어 학습은 우리가 서구문화권을 이해하는 데에 중요한 역할을 해주었으며, 앞으로도 외국인과 접할 기회가 점점 많아질 것이므로 이처럼 영어권에서 생활하는 사람들을 상대하려면 영어회화 학습을 빼놓을 수가 없다. ●본문에는 학습 효과를 높이기 위해서 각기의 장면마다 상황에 맞는 그림을 함께 실었으며, 연음법과 미국식 발음들을 우리말로 덧붙였다. ●그림과 함께 대화를 익히고 아랫줄에 직접 배운 것을 쓰는 동안 입체적인 효과를 얻어 아이들의 머리 속에 오래 기억될 것이다. ■

**우등생 영어 첫걸음**

우등생 영어 첫걸음은
- 영어를 처음 배우는 학생들을 위해 알파벳 → 발음기호 → 기본단어 → 기초문장의 순으로 쉽고 체계적으로 언어 기능을 익힐 수 있도록 편집하였다. ●블록체, 필기체 등의 알파벳을 정확하고 충분하게 연습할 수 있도록 구성하였으며, 입모양의 그림을 함께 수록함으로써 발음기호를 익히는 데 도움을 주고자 하였다. ●일상 생활에서 가장 많이 쓰이는 기본적인 단어를 발음기호와 그림을 함께 곁들여 편집함으로써 자칫 딱딱해지기 쉬운 학습내용을 보다 재미있고 능률적으로 공부할 수 있도록 하였다. ■

## 실용 영문 편지
### The English Letter Writing For Practical Use

■ 편저자 / 한　　규　　철
■ 발행자 / 남　　　　　용
■ 발행소 / 一信書籍出版社

주소 : 121-110 서울 마포구 신수동 177-3
등록 : 1969. 9. 12. NO. 10-70
전화 : 영업부 703-3001~6
　　　편집부 703-3007~8
　　　FAX 703-3009
　　　　© ILSIN PUBLISHING Co. 1990.

값 7,000 원